BASIC SLOVAK

JOZEF MISTRÍK

SLOVENSKÉ PEDAGOGICKÉ NAKLADATEĽSTVO

Autor © prof. PhDr. Jozef Mistrík, DrSc.

Lektorovali: Jean Ruppeldtová a Martin Votruba

Všetky práva vyhradené.
Toto dielo ani žiadnu jeho časť nemožno reprodukovať bez súhlasu majiteľa práv.

Siedme vydanie, 2007

ISBN 978-80-10-01272-5

This Slovak manual is designed for English speaking students. It is a textbook based on the principle of systematically established results gained from observing the frequency of words and the distribution of forms in Slovak. In 15 lessons only 800 of the most frequent words are repeated, and these have been selected from texts containing 1 000 000 words (J. Mistrík, Frekvencia slov v slovenčine. Bratislava 1969). Apart from this the textbook Basic Slovak provides only a survey of all the fundamental grammatical phenomena.

M e t h o d i c a l   n o t e s. (1) Do not learn the declension and conjugation paradigms mechanically from the tables. That is to say, the tables are included merely for the purpose to help the reader grasp how a particular phenomenon is linked to the grammatical system. The meaning and form of a word should only be learned in context. (2) The Slovak text is recommended to be always read aloud and also be copied out frequently. (3) It is not sufficient only to understand a rule or the meaning of a word – it must be practised, and therefore it is necessary to repeat some exercises several times.

Author

1.
LETTERS AND SOUNDS

SLOVAK ALPHABET

a, á, ä, b, c, č, d, ď, dz, dž, e, é, f, g, h, ch, i, í, j, k, l, ľ, ĺ, m, n, ň, o, ó, ô, p, r, ŕ, s, š, t, ť, u, ú, v, y, ý, z, ž

The letter *ô* represents the diphthong [uo].

In adopted or foreign loan words *q, w, x* are used.

The diagraphs *dz, dž, ch* are considered as single characters.

Slovak diacritical marks: ˇ (mäkčeň) – the softening mark; this mark over consonant indicates its palatalization and soft pronunciation. ´ (dĺžeň) – the prolongation mark; long vowels and long consonants have the value of two vowels or consonants. ¨ (dve bodky) – two dots over the letter *a – ä,* which may be pronounced as *a* in the word *bad,* but in modern Slovak is pronounced usually as *e* in the word *set.* ˆ (vokáň) – the mark above the letter *o – ô*; the letter *ô* is pronounced as [u̯o].

The names of the letters: a, á, ä, bé, cé, čé, dé, ďé, dzé, džé, e, é, ef, gé, há, chá, i, í, jé, ká, el, eľ, eĺ, em, en, eň, o, ó, u̯o, pé, er, eŕ, es, eš, té, ťé, u, ú, vé, ypsilon, ýpsilon, zet, žet, kvé, wé, iks.

VOWELS

Each letter in the Slovak alphabet has a distinct sound.

Slovak has five short vowels (*a, e, i, o, u*) and five long ones corresponding to these (*á, é, í, ó, ú*). Letters *y, ý* are only orthographic variants of *i, í* as well as *ä,* which in modern Slovak sounds usually as *e*. It is very important to distinguish between short and long vowels distinctly, because they may present different phonemes. E.g. *zástavka* (a small flag), *zastávka* (a stop), *zlé* (bad), *zle* (badly). The long *ó* is found only in adopted or foreign words.

Letter	Approximate Pronunciation in English	Slovak Examples
a	*a* as in *but*	na, ak, sa, ma
á	*a* as in *father*	mám, dám, vám, taká
e	*e* as in *set*	zase, veda, dve, dáme
é	*e* as in *bed*, but longer	samé, malé, aké, pravé
i	*y* as in *body*	iba, iná, milá, sila
í	*ee* as in *street*	musí, samí, patrí, robí
o	*o* as in *odd*	dom, tamto, toto, ono
ó	*o* as in *saw*	filológ, móda, sóda, prológ
u	*u* as in *put*	ruka, urob, spolu, horu
ú	*oo* as in *choose*	lúka, úloha, ústa, peknú,
y	*y* as in *body*	vysoko, kvety, krátkym, akoby
ý	*ee* as in *street*	zlý, vysoký, takýto, býva
ä	*e* as in *leg* (or *æ* as in *bad*)	najmä, mäso, päta, väzba

The student must bear in mind that the equivalents are at best approximate. Because of exactness we introduce the vowel systems in order to compare the Slovak system of vowels with the English one:

1. [i] bead   1. *i*ba
2. [ɛ] bed   2. v*e*da
3. [^] bud   3. s*a*
4. [ɔ] board   4. d*o*m
5. [u] good   5. r*u*ka

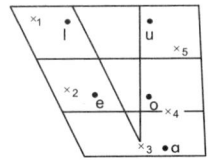

Read aloud:

na, sa, si, on, ona, ono, ony, ako, do, za, po, my, od, ty, aby, mám, máme, musí, dáme, taký, taká, také, takú, vy, dva, dve, rok, roky, potom, iný, iná, inú, by, ak, nový, nová, nové, novú, sám, sama, sami, samy, samí, samu, samé, iba, svet, sveta, svetom, tam, tamto, pod, ruka, ruku, ruky, rukáv, rukávy, káva, kávu, kávy, kto, teda, veda, voda, vody, vodu, starý, stará, staré, aký, aká, ako, akú, oko, oka, dobré, dobrý, malý, málo, malá, malú, malé, slovo, sláva, strana, strán, strany, treba, práve, pravé, sila, sily, keby, hlava, hláv, hlavný, hlavná, zas, zase, zasa, nad, nado, stál, stály, stoly, tri, patrí, mesto, mestá, mestu, zem, zeme, zemi, dom, domy, domom, mladý, mladá, mladé, mladú, vysoký, vysoko, vysoká, pán, pána, tvár, vlastný, vlastná, rád.

CONSONANTS

The consonant sounds *b, d, f, g, l, m, n, s, v, z* are pronounced approximately as in English. The consonant *h* is pronounced as in the word *hand* with a strong emphasis. The consonants *k, p, t* are closed and never pronounced with aspiration. The consonant *j* corresponds to English [j] in the word *yes*. The consonant *c* is pronounced as [ts] and never like [s] or [k]; *č* corresponds to English [tʃ] in the word *child*. The consonant *š* is similar to English [ʃ] in *she* and *ž* to English [ʒ] in the word television. The consonant *ch* is normally a voiceless sound. It is formed at the same place as *h*, but is similar to German *ch* (das Buch), or to the Russian *x* and to Scottish *ch* in *loch*. The consonant *r* is rolled as in Scottish, the tongue must vibrate, must tap the ridge behind the upper teeth at least once during articulation; it corresponds to Russian *r*. *Ď, ľ, ň, ť* are palatal sounds corresponding to English sounds in *during, lurid, news, tutor*. The consonants *dz, dž* are formed at the same place as *c, č*, but are voiced.

The consonants *l, ĺ* and *r, ŕ* are semi-vowels. They can form syllables (*ĺ, ŕ* occur only in the same position as vowels). *Ĺ, ŕ* are long consonants.

The letters *q, w, x* are foreign in the Slovak alphabet. *Q* is pronounced as [kv] in *quality, w* usually becomes [v] as in *very, x* as [ks] in *next*.

Letter	Approximate Pronunciation in English	Slovak Examples
b	*b* as in *but*	treba, robiť, akoby, bývať, budú
c	[*ts*] as in *its*	vec, cesta, práca, noc, celkom
č	[tʃ] as in *child*	čo, čas, prečo, číslo, počuť
d	*d* as in *date*	do, teda, dom
ď	*ď* as in *during*	choď, ďalší, ďakovať, chúďa, mláďa
dz	as [ts], but voiced (no English equivalent)	medzi, mládza, hrdza
dž	as *č*, but voiced as in *jam*	džbán, džavotať, džungľa, hádže
f	*f* as in *face*	forma, farba, dúfať, fosfor
g	*g* as in *to go*	orgán, fragment, gaštan, gajdy
h	*h* with strong emphasis	hlava, hlas, hoci, hrať, noha

ch	Scottish *ch*, Russian *x*	ich, nech, trocha, ach, chlap
j	*j* as in *yes*	ja, aj, jeho, nájdeme, vojna
k	*k* closed as in *nickel*	ako, kto, keby
l	*l* as in *lead*	slnko, dlhý, plný, okolo, vlasť
ľ	*ľ* as in *lurid*	veľa, veľmi, podľa, hľadať, chvíľa
ĺ	long *l* (no English equivalent)	žĺtok, chĺpok, stĺp
m	*m* as in *milk*	sám, možno, mesto, málo, sem
n	*n* as in *not*	na, on, strana, poznáš, ráno
ň	*ň* as in *news*	oheň, kameň, mňa, dňa, chráň
p	*p* closed as in *open*	po, práve, pán, posledný, aspoň
r	trilled as in Scottish	ktorý, preto, ruka, dobre, tvár
ŕ	long *r* (no English equivalent)	mŕtvy, hŕba, vŕtať, tŕpneš
s	*s* as in *to save*	sa, prísť, starý, písať, istý
š	[ʃ] as in *she*	váš, štyri, duša, zostávaš, píš
t	*t* closed as in *not*	tento, stál, takto, ostatný, otvor
ť	*ť* as in *tutor*	ťažký, byť, mať, hovoriť, dosť
v	*v* as in *very*	svoj, nový, vravieť, vysoký, volá
z	*z* as in *zone*	za, začať, zem, ukázať, zlý

ž	ʒ as in *television*	že, život, vždy, držať, živý
q	kv as in *quality*	–
w	v as in *very*	–
x	x as in *next*	taxa, prax, Alex, taxi

Distinguish:

lavica (bench) – ľavica (left hand); hlad (hunger) – hľaď (look); hladí (he caresses) – hľadí (he looks); lad (tune) – ľad (ice); lak (varnish) – ľak (scare); rola (role) – roľa (field); uhol (angle) – uhoľ (coal); sila (power) – šila (she sew); brat (brother) – brať (to take); nás (us) – náš (our); sud (barrel) – súd (court); vecný (factual) – večný (eternal); rad (line) – rád (gladly); hodiť (to throw) – chodiť (to walk).

Read aloud:

forma, farba, treba, robiť, orgán, fosfor, gaštan, akoby, vlasť, nos, možno, mesto, vláda, nový, hlava, nech, hlas, jeho, koho, ucho, trocha, hádže, hrdza, medzi, cesta, vec, mládza, práca, noc, číslo, váš, život, duša, dúcha, chlap, hrach, hrachu, hrachom, trhať, vrhať, mrhať, držím, pršať, strkať, hlboko, dlho, dĺžim, slnko, vrták, vŕta, hŕba, mŕtvy, mĺkvy, hĺbať, okolo, veľa, slnko, veľmi, hľadať, hladný, chladný, chvíľa, míľa, tŕpne, vždy, ukázať, ukáže, ostatný, šaty, ruka, ručiť, rúčka, posledný, aspoň, peň, kameň, kto, najmä, vojna, džbán, ďalší, ďakovať, mladosť, radosť, mláďa, hrdza, vŕba, gajdy, choroba, horí, chorý, hoď, choď, chlad, hlad, hlaď, hľadať, nech, chuť, cíť, čaša, taxa, prax, vysoký, výšava, šťava, oprášiš, prší, trčí, hrčať, plný, vlna, žltý, žĺtok, pŕhľava, kŕmiť, ďalší, džavot, medzi, džbán, jama, prísť, stŕpnuť, zhrnúť, vlk, stĺp, popŕchať, rásť, právo, dar, darovať, remeslo, slovenský, český, slovenčina, Angličan, Anglicko, prameň, dúfať, očíslovať, organ.

PALATALISATION

In writing *i, í* or *e* following after *d, l, n, t* usually mark the soft form of the consonants. It means:

in writing:				in pronunciation:			
di,	li,	ni,	ti	ďi,	ľi,	ňi,	ťi
dí,	lí,	ní,	tí	ďí,	ľí,	ňí,	ťí
de,	le,	ne,	te	ďe,	ľe,	ňe,	ťe

(Contrary to: dy, ly, ny, ty; dý, lý, ný, tý; dé, lé, né, té)
E.g.: *deti* is pronounced as [ďeťi], *nikto* as [ňikto], *ticho* as [ťicho], *sedí* as [seďí], *nelení* as [ňelení] etc.

Read aloud:

len, ani, alebo, deň, dnes, proti, páni, nech, ďalej, posledný, chodiť, chodím, chodíš, chodíme, chodíte, jediný, jedine, stále, hneď, nikdy, vrátiť, vrátim, vrátiš, vráti, hľadí, dedina, hodina, otec, nejaký, nechať, tretí, pole, kniha, cítiš, ďaleko, ležať, vlastne, telo, ulica, nijaký, ticho, zelený, platiť, platidlo, stratil, letí, iste, desať, robotník, les, rýchle, stena, dívať sa, všade, blízky, ďaleký, tisíc, pekne, jednotliví, dejiny, presne, totiž, neskoro.

Exceptions: *ten, jeden, teda, teraz, vtedy, odísť* are pronounced without palatalisation.

DIPHTHONGS

Slovak has three diphthongs with *i* as the first element (*ia, ie, iu*) plus diphthong *ô* [uo]. The element *i* is pronounced more sharply and clearly than the second element (*a, e, u*). The diphthong *ia* is pronounced as [i̯a], *ie* as [i̯e], *iu* as [i̯u]. Diphthong *ô* as [u̯o].

E.g.: *viac* – [vi̯ac], *miesto* – [mi̯esto], *cudziu* – [cudzi̯u], *kôň* – [ku̯oň]. Or *nie* – [ňi̯e], *vedieť* – [vedi̯eť], *myslieť* – [mysli̯eť], etc.

VOICED AND VOICELESS CONSONANTS

Most consonants are paired in respect to whether they are voiced or voiceless. The place of articulation is the same for both consonants. With voiced consonants the vocal cords vibrate, while with voiceless consonants they remain motionless.

PAIRS OF CONSONANTS

Voiced   b   d   ď   dz   dž   g   h   v   z   ž
Voiceless   p   t   ť   c   č   k   ch   f   s   š

The consonants *j, l, ľ, m, n, ň, r* are voiced, but have no voiceless correspondents.

When a voiced (paired) consonant is at the end of the word, it becomes voiceless:

keď is pronounced as [*keť*]
teraz is pronounced as [*teras*]
pohľad is pronounced as [*pohľat*]
prípad is pronounced as [*prípat*]
pohyb is pronounced as [*pohip*]

When a voiced and voiceless consonants meet in a group, all consonants are assimilated according to the last consonant:

všetok is pronounced as [*fšetok*]
nikdy is pronounced as [*ňigdi*]
otázka is pronounced as [*otáska*]
ťažko is pronounced as [*ťaško*]
vzchopiť sa is pronounced as [*fschopiť sa*]

STRESS

Stress means a louder pronunciation of the accented syllable in a word.

Stress in Slovak is fixed on the first syllable of a word. It is not very strong, it is weaker than that of English or German or Russian and stronger that the French stress. Stress is independent of the length of vowels. The words *kríva* and *krivá* are stressed in the same way, though the length of the vowels is different.

Monosyllabic conjunctions *a, i, aj, no, lež, že,* monosyllabic personal pronouns (enclitics) *ma, ťa, ho, mi, ti, mu, jej, ju,* auxiliary verb forms of the verb *to be,* e.g. *som, si, je, sme, ste, sú,* are not stressed.

Slovak prepositions are pronounced together with the following word as a single word. Rules for assimilation apply:

v škole is pronounced as [*fškole*]
z práce is pronounced as [*správe*]
s bratom is pronounced as [*zbratom*]
bez teba is pronounced as [*besťeba*]

HARD, SOFT AND NEUTRAL CONSONANTS

Consonants are divided into three groups. The classification is useful in their application in the differentiation of declensions of nouns and adjectives.

Hard consonants: g, h, ch, k, d, n, t.

Soft consonants: c, dz, j and all consonants with the „mäkčeň" (ˇ).

Neutral consonants: b, f, l, m, p, r, s, v, z.

After hard consonants we write *y* or *ý: chytať, hymna, kyslý, kývať*. After soft consonants we write *i* or *í: oči, cit, cudzí, prší*.

Read aloud:

miesto, viac, cudzia, cudziu, kôň, môcť, vedieť, musia, chcieť, môj, vidieť, každou, však, vodou, teraz, stranou, raz, vtedy, cestou, veď, myslieť, dieťa, tiež, pred chvíľou, pozrieť, vpísať, rozpísať, muž, otázkou, ľudia, koniec, málo, malo, máli, malý, ostatnými, niektorého, pohľad, vôbec, než, prípad, biely, najmä, napríklad, vziať, z nohy, obraz, obrázky, ťažoba, ťažký, tretia, tretiu, päť, spôsob, polia, poľa, pália, z knihy, viesť, vyjsť, dlho, dĺžka, dĺžiť, s dušou, hory, horí, do hôr, myšlienka, pohyb, ulica, ulíc, národ, národy, narodí sa, veda, vedia, vedie, vie, beda, bieda, biedia, nijaký, ľud, ľudia, odísť, žiadať, bod, bodka, body, nielen, trieda, triedia, druh, druhý, ľahko, ľahučko, platy, platí, platia, stôl, stolík, niekoľko, straty, stratí, bieli, biely, bielia, biela, cudzia, cudziu, ťažko, ťažoba, letieť, vzťah, poriadok, podmienka, niekedy, mnoho, množstvo, šťastie, bez, les, lež, prst, prsty, rozumieť, dôležitý, všade, dôkaz, dokáž, dokáže, dokázať, vôľa, volá, vola, volia, blízo, blízky, zjazd, mŕtvy, zatiaľ, včera, večera, hra, hrá, záhrada, zahradia, hlboký, priestor, pomôcť, obdobie, niesť, pamätať sa, mlieko, rieka, riešenie, riešené, rozdiel, rozdať, rozdiely, rozdelí, koniec, farba, farbia, postava, postáva, postavia.

2.
OTÁZKY A ODPOVEDE

Dobrý deň! Dobré ráno! Dobrý večer! Servus! Dovidenia!
Čo je to?
To je kniha. To je ruka. To je tvár. To je oko. To je hlava. To je noha. To je prst. To je voda. To je dom. To je kôň. To je obraz. A čo je toto? Toto je škola. Toto je trieda. Toto je Bratislava. Toto je ulica. Toto je dedina. Toto je mesto. Toto je les. Toto je strom. Toto je stena. Toto je mlieko. Toto je lúka. Toto je záhrada. Toto je čelo. Toto je dlaň. Toto je rameno. Toto je sklo.
Kto je to?
To je Eva. To je Jano. A kto je toto? To je pán Oravec. Je pán Oravec muž? Áno, pán Oravec je muž. Je Eva dieťa? Áno, Eva je dieťa. Je Jano chlapec? Áno, Jano je chlapec.
Áno? Nie?
Je toto kniha? Áno, toto je kniha. Je toto oko? Nie, to nie je oko, to je prst. Je toto ruka? Nie, to nie je ruka, to je noha. Je toto voda? Nie, to nie je voda, to je obraz. Toto je stena. Je toto ruka? Áno, to je ruka. Je toto tvár? Áno, to je tvár. Je Bratislava dedina? Nie, Bratislava je mesto. Je toto mlieko? Áno, to je mlieko.
Kde je to?
Kde je kniha? Kniha je tu. Kde je obraz? Obraz je tam. Je tu záhrada? Nie, tu nie je záhrada, tu je škola. Je tu trieda? Áno, tu je trieda. Je tam les? Áno, tam je les. Kde je strom? Tam je strom. Kde je Eva? Eva je tu. Kde je Jano? Jano je tu. Je pán Oravec tu? Nie, pán Oravec nie je tu.
Aký? Aká? Aké?
Aký je obraz? Obraz je veľký. Aká je škola? Škola je nová.

Aké je mlieko? Mlieko je čisté. Aký je Jano? Jano je malý. Aké je mesto? Mesto je pekné. Je pán Oravec vysoký? Áno, pán Oravec je vysoký. Je dieťa malé? Áno, je malé. Je Jano dobrý? Nie, Jano nie je dobrý. Jano je zlý. Aká je lúka? Lúka je zelená.

Vocabulary

a – and
aký, aká, aké – what (kind of)
čelo – forehead
čistý, á, é – clean
čo – what
dedina – village
deň – day
dieťa – child
dlaň – palm
dobré ráno – good morning
dobrý, á, é – good
dom – house
dovidenia – see you
hlava – head
chlapec – boy
je – is
kde – where
kniha – book
kôň – horse
kto – who
les – wood, forest
lúka – meadow
malý, á, é – small, little
mesto – town
mlieko – milk
muž – man
nie – no, not
nie je – is not

nový, á, é – new
obraz – picture, painting
oko – eye
pán – Mr, gentleman
pani – Mrs, lady
pekný, á, é – nice
prst – finger
rameno – shoulder
ruka – hand
servus (ahoj) – hallo
sklo – glass
stena – wall
strom – tree
škola – school
tam – there
to – that
toto – this
trieda – classroom
tu – here
tvár – face
ulica – street
večer – evening
veľký, á, é – large, great, big
voda – water
vysoký, á, é – tall, high
záhrada – garden
zelený, á, é – green
zlý, á, é – bad

GRAMMAR

1. Genders. Slovak nouns have three genders: masculine, feminine and neuter. The ending of the noun as given in the

nominative singular usually indicates its gender. Nouns ending in a consonant are mostly masculine, those ending in – *a* are mostly feminine and those ending in *-o, -e, -ie* are neuter. There are, however, numerous exceptions.

2. The adjective agrees in gender, number and case with its noun:

veľký dom, nový obraz, čistý chlapec, malý prst, dobrý deň, veľká trieda, nová škola, čistá ulica, malá dedina, dobrá kniha, veľké mesto, nové mesto, čisté mlieko, malé dieťa, dobré ráno.

3. Slovak has no articles.

Exercises

1. Indicate the gender of the following words:

deň, ráno, večer, voda, dom, kniha, škola, ruka, tvár, trieda, pán, oko, ulica, prst, mesto, noha, chlapec, obraz, mlieko, dieťa, dom, strom, stena, muž, záhrada, mesto, lúka, les, hlava, sklo, rameno, čelo, dlaň, kôň.

2. Supply correct adjectival endings:

veľk– dom, nov– kniha, čist– škola, mal– ruka, čist– sklo, pekn– tvár, vysok– pán, dobr– muž, zl– voda, zelen– stena, mal– mesto, pekn– les, veľk– lúka, nov– mesto, dobr– chlapec, vysok– strom, zelen– strom, pekn– dieťa, nov– ulica, mal– prst, veľk– noha, zl– deň, zelen– lúka, dobr– mlieko, mal– oko, vysok– chlapec, pekn– čelo, pekn– obraz, dobr– kôň, nov– deň, čist– dlaň, mal– dieťa, zelen– sklo, čist– mlieko.

3. Supply a suitable noun:

čisté —, nový —, pekný —, pekná —, pekné —, vysoký —, čisté —, malý —, malá —, dobrý —, dobrá —, dobré —, zelená —, zlý —, zelený —, veľká —, nový —, nová —, malé —, nové —, pekný —, vysoká —, čistý —, zlá —, zlé —, aký —, aká —, aké —.

4. *Form questions on the basis of the model below:*
Model: Škola je nová. Aká je škola?
Kniha je nová. — Škola je čistá. — Mesto je malé. — Les je zelený. — Lúka je čistá. — Mlieko je dobré. — Strom je vysoký. — Dedina je malá. — Muž je vysoký. — Ruka je čistá. — Tvár je pekná. — Oko je čisté. — Prst je malý. — Trieda je čistá. — Stena je zelená. — Dieťa je malé. — Záhrada je zelená. —

5. *Answer the following questions:*
Čo je to? A čo je toto? Je to dom? Kto je to? Je tu obraz? Kde je škola? Aká je trieda? Je mlieko čisté? Je Bratislava mesto? Aké mesto je Bratislava? Aká je kniha? Kde je pán Oravec? Je Eva dobrá? Aké je dieťa? Je toto voda? Je strom zelený? Je toto strom? Aký je prst? Kde je dieťa? Aký je chlapec?

6. *Answer the following questions:*
Je Eva vysoká? (Nie...) Je chlapec dobrý? (Nie...) Je strom malý? (Nie...) Je Jano zlý? (Nie...) Je toto tvár? (Nie...) Je toto obraz? (Nie...) Je toto záhrada? (Nie...) Je tu voda? (Nie...) Je tu lúka? (Nie...) Je tam pán Oravec? (Nie...) Je Bratislava dedina? (Nie...)

7. *Translate into Slovak:*
This book is new. This picture is small. Good morning, Mr Oravec. Good evening, Eve. Hallo, John. What is this? This is a book. The classroom is not clean. Is John there? Is Eve here? No, Eve is not here. What is this town like? Who is here? Who is there? The wall is green. This boy is good. Where is the school? Where is the child? What is this boy like?

8. *Read aloud:*
abstraktný, absurdný, akademický, akuzatív, akustický, aktívny, admirál, adverbium, estetický, agenda, agilný, agitátor, alarm, album, alkohol, algebra, alternatíva, analogický, analýza, anekdota, anténa, apetít, aplauz, aristokratický, arzenál, artista,

atletika, atóm, atak, autentický, autor, automatický, averzia, bazén, bas, biliard, blokáda, blond, blúza, bomba, botanika, brigáda, bronz, Bulharsko, kaktus, kalamita, kalendár, Kanada, kanál, kandidát.

3.
CESTA NA STANICU

A: Dobrý deň. Prepáčte, prosím, hľadám hlavnú stanicu.
B: Hlavnú stanicu? Hlavná stanica je veľmi ďaleko. Nemáte auto?
A: Mám. Vidíte ten posledný dom? Tam mám voz.
B: No dobre. A poznáte Novú ulicu? Viete, ktorá je Nová ulica?
A: Áno, viem.
B: Tak to je teraz jednoduchá vec. Autom na hlavnú stanicu – ak idete cez Novú ulicu – je blízko, len asi tri minúty. Obrátite voz a prejdete na koniec ulice. Tam uvidíte veľký plot, potom takú nízku hospodársku stavbu a široký dvor, potom rieku a hneď aj hlavnú stanicu. Ešte prejdete na pravý breh a potom už stále len priamo.
A: Ďakujem. A ešte mám jednu otázku.
B: Prosím.
A: Potrebujem nejaké kvety. Je tu blízko obchod, kde majú kvety?
B: Keď prejdete na pravý breh rieky, uvidíte širokú a peknú záhradu. Tam majú takmer vždy kvety, ktoré iste dostanete za nízku cenu.
A: Ďakujem za pomoc a dobré rady. Dovidenia.
B: Dovidenia.

Vocabulary

aj – also, too, as well
áno – yes
asi – about, probably, aproximately
auto – (motor-)car

autom – by car
blízko – near
breh – river bank
byť – to be

cena – price, cost
cez – via, through, by way of, across
ďakujem – thank you
ďaleko – far
dostanete – you will get
ešte – still, more
hľadám – I am looking for
hlavný, á, é – main
hneď – at once, immediately
hospodársky, a, e – farming, economic
idete – you are going
iste – certainly, surely
jeden, jedna, jedno – one
jednoduchý, á, é – simple
keď – if, when
koniec – end (the end of the street)
ktorý, á, é – which, who, that
kvet – flower
len – only, just
mať – to have
na – on (on the table), at (at the station)
nejaký, á, é – some, any
nízky, a, e – low
obchod – shop
obrátite (niečo) – you turn
otázka – question
plot – fence
pomoc – help
posledný, á, é – last

potom – then, later
potrebujem – I need
poznáte, viete – you know
pravý, á, é – right
prejdete – you pass, cross
prepáčte – excuse me
priamo – direct(ly)
prosím – please
rieka – river
stále – always
stanica – station
stavba – building, construction
široký, á, é – wide
štyri minúty – four minutes
tak – so, thus
takmer – almost, nearly, practically
taký, á, é – such
ten, tá, to – that
tento, táto, toto – this
teraz – now
uvidíte – you will see
už – already
vec – matter, thing
veľmi – very
vidíte? – can you see?
voz – car, vehicle
vždy – always, ever
za – for, by; at, behind

GRAMMAR

1. Slovak nouns are divided into 12 groups according to their endings.

Gender	Nominative Singular	Example
Masculine Animate	Not ending in -*a*	*chlap* (fellow)
	Ending in -*a*	*hrdina* (hero)

	Inanimate	Ending in hard consonant	*dub* (oak)
		Ending in soft consonant	*stroj* (machine)
Feminine	Ending in *-a* Preceded by a hard consonant		*žena* (woman)
	Preceded by a soft consonant		*ulica* (street)
	Ending in *-j, -z, -ň, -ž, -č, -š, -ď, -ľ, -dz, -sť, -r, -c, -s, -p, -v, -sť*		*dlaň* (palm) *kosť* (bone)
Neuter	Ending in *-o*		*mesto* (town)
	-e		*srdce* (heart)
	-ie		*vysvedčenie* (certificate)
	-a, -ä		*dievča* (girl)

2. Nominative plural:

chlap-i	žen-y	mest-á
hrdin-ovia	ulic-e	srdc-ia
dub-y	dlan-e	vysvedčen-ia
stroj-e	kost-i	dievčat-á

3. Accusative singular and plural:

N	A Sg	A Pl
chlap	chlapa	chlapov
hrdina	hrdinu	hrdinov
dub	dub	duby
stroj	stroj	stroje
žena	ženu	ženy
ulica	ulicu	ulice
dlaň	dlaň	dlane
kosť	kosť	kosti

mesto	mesto	mestá
srdce	srdce	srdcia
vysvedčenie	vysvedčenie	vysvedčenia
dievča	dievča	dievčatá

The accusative answers the questions: whom, what.

4. Conjugation of the verb *mať*:

	Singular	Plural
1st	mám (I have)	máme (we have)
2nd	máš (you have)	máte (you have)
3rd	má (he, she, it has)	majú (they have)

Conjugation of the verb *byť*:

som (I am)	sme (we are)
si (you are)	ste (you are)
je (he, she, it is)	sú (they are)

The second person singular is an intimate form. It is used in addressing members of one's family, friends, animals, etc. It is used also among students, soldiers, peasants, etc.

5. Negation:

Excluding the present tense of the verb *byť* in all tenses the negation is expressed by prefixing *ne-* to the verb form. The prefix *ne-* receives the stress:

nemám	nemáme	nie som	nie sme
nemáš	nemáte	nie si	nie ste
nemá	nemajú	nie je	nie sú

6. The adjective agrees in case with its noun:

Singular	Plural
pekného chlapa	pekných chlapov
pekného hrdinu	pekných hrdinov
pekný dub	pekné duby
pekný stroj	pekné stroje

peknú ženu
peknú ulicu
peknú dlaň
peknú kosť

pekné mesto
pekné srdce
pekné vysvedčenie
pekné dievča

pekné ženy
pekné ulice
pekné dlane
pekné kosti

pekné mestá
pekné srdcia
pekné vysvedčenia
pekné dievčatá

Exercises

1. Give the plural of the following nouns:

stanica, auto, voz, vec, plot, stavba, dvor, rieka, breh, otázka, kvet, obchod, cena, večer, kniha, ruka, hlava, noha, prst, dom, obraz, škola, trieda, ulica, dedina, mesto, les, strom, stena, lúka, záhrada, pán, muž, minúta.

2. Give the accusative singular and plural of the following nouns:

muž, auto, voz, stavba, pán, stanica, hlava, vec, plot, rieka, záhrada, dvor, otázka, kvet, lúka, breh, obchod, dom, cena, obraz, večer, škola, kniha, ulica, trieda, ruka, prst, dedina, noha, les, stena, strom.

3. Use the words in brackets as objects:

Hľadám (stanica, stavba, kvet, kniha, dom, ulica, dedina, pomoc, mesto, pán)
Vidím (rieka, plot, ruka, tvár, hlava, noha, škola, les, muž, lúka)
Mám (obraz, kniha, auto, kvet, voz, záhrada, dom)
Poznáte (muž, pán, dedina, cena, obchod, obraz, ulica, mesto)
Idete cez (dvor, ulica, dedina, mesto, les, lúka, plot)
Obrátite (auto, voz, kvet, kniha, ruka, obraz)
Uvidíte (pán, ruka, stanica, muž, záhrada, lúka, stena, breh, voz, obchod, dvor)

Potrebujem (kvet, voz, auto, kniha, pomoc)
Dostanete (kniha, kvet, obraz, auto, vec, otázka)
Máš (auto, záhrada, obraz, dom, kniha, hlava)
Majú (stavba, dvor, záhrada, dom, voz, škola, trieda, kvet)
Nemáme (škola, dvor, záhrada, dom, kvet, obchod)
Nemá (prst, noha, cena, auto, dvor, otázka, ruka)

4. *Use these verbs with the nouns given below:*

nemáte, nevidím, nehľadám, nepoznáte, nepotrebujem, nedostanete, nemám, nemajú, muž, kniha, tvár, noha, škola, obraz, kvet, ulica, auto, dvor, dedina, les, voz, stavba, pán, rieka, pomoc.

5. *Give the plural form of the objects:*

Hľadám rieku, ulicu a školu. Vidím muža. Mám kvet. Poznáte knihu? Idete cez lúku, záhradu, cez dvor. Obrátite auto. Uvidíte breh, strom, les. Potrebujem kvet, knihu aj obraz. Nemá ruku. Dostanete otázku. Nehľadáte kvet? Ďakujem za radu.

6. *Supply the adjectival endings:*

hlavn- stanicu, na hlavn- stanicu, nov- autá, dobr- rady, posledn- domy, na ktor- ulicu, jednoduch- vec, jednoduch- veci, dobr- koniec, na prav- breh, cez pekn- záhradu, ešte posledn- otázku, len jedn- otázku, nejak- kvety, tak- pekn- širok- záhradu, za nízk- cenu, za nízk- ceny.

7. *Answer the questions:*

Kto hľadá hlavnú stanicu? Kde máte voz? Je hlavná stanica veľmi ďaleko? Nevidíte ten obchod? Nepoznáte taký obchod? Nepoznáte takú ulicu? Nepoznáte také mesto? Viete, ktorá je hlavná stanica? Máte nejaké kvety? Nepotrebujete nové knihy? Vidíte ten vysoký zelený plot?

8. *Give the accusative singular and plural:*

veľký pán, nový obraz, čistý dvor, pekný plot, vysoký muž, dobrý voz, malý kvet, čistá dedina, malá kniha, taká stanica, zelená záhrada, nová vec, aká stavba, zlá otázka, hlavné mesto, posledné auto, jednoduchá stavba, ktoré auto, nízky strom, široké čelo, pravý breh, nejaká cena.

9. *Translate into Slovak:*

Excuse me, please, is this Nová street? Where is the main station? Bratislava is a nice town. I need some flowers. This building is big. What do you see there? Do you see the river? Do you know any shops here? I have a small garden. Do you know any Slovak villages? We need new machines. Do you know that picture? He has a new car. I've got milk, you've got only water.

The little boy has nice pictures. We have a large garden, you have a small one. What kind of book has Jano got? What are we looking for? We are looking for the main station. Where is the child? What kind of flowers has Eva?

10. *Read aloud:*

kapacita, kapitán, karavána, karburátor, karikatúra, karneval, katastrofa, kategorický, katedrála, katolík, celulóza, cement, centimeter (cm), keramický, chaos, chaotický, chemický, šimpanz, čokoláda, cholera, kresťanský, chronický, kronika, chronologický, cigareta, cirkus, cisterna, klasický, klient, klíma, klimatický, klinika, klaun, klub, koktail, kakao, kód, káva, koherentný, kolega, kolektívny, koloniálny, kolosálny, komédia, komfort, komický, komentátor, komuniké.

4.

MÔJ DEŇ

Každé ráno vstávam veľmi skoro, hoci večer som dlho hore (= to be long up). Deň začínam tak, ako každý iný človek. Veď to poznáte. Pretože bývam dosť ďaleko, chodievam obyčajne autom (by car), no niekedy aj vlakom. Náš učiteľ žiada poriadok. Ale poriadok máme radi aj my. Každú prácu treba konať presne, rýchlo a dobre. Život to tak žiada.

Cez deň som v škole. Ale to neznamená, že celý deň nevychádzam na vzduch. V škole sa nejaký čas necháva aj na rozličné hry. Keď mám voľný čas, vtedy čítam. Domov prichádzam večer. Doma sa trocha rozprávame alebo čítame. Spávať chodievam dosť neskoro.

A: Máš doma vlastnú izbu?
B: Áno, mám.
A: Aj ja. A kde bývaš?
B: My máme vlastný dom.
A: Kde?
B: Zapamätáš si? Bratislava, Východná ulica, číslo 2.

Vocabulary

ako – how
alebo – or
(byť dlho hore – to be long up)
bývať – to live; *iterative*
 of byť – to be usually
celý – all, whole
cez – during, through, across
cez (deň) – during (the day)
čas – time
číslo – number
človek, ľudia – man, people

desať – ten
deväť – nine
dlho – long
dobre – well, good
doma – at home
dva – two
hoci – though, although
hore – up, upstairs
hra – play, game
chodievať – to go
iný – other, another, different

ísť domov – go home
izba – room
ja – I
každý, á, é – each, every, everybody
konať – to do, to act
mať rád, a, o – to like
my – we
môj – my
náš – our
nechávať – to leave
neskoro – late
niečo – something
niekedy – sometimes, some day
no – but
obyčajne – usually
on – he
ona – she
oni (ony) – they
päť – five
poriadok – order, discipline, neatness
poznať – to know
práca – work
presne – precisely, punctually, accurately
pretože – because, since, as
prichádzať – to come, to arrive
ráno – morning, in the morning
rozličný, á, é – various
rozprávať (sa) – to speak, to chat
rýchlo – fast, quickly
skoro (včas, takmer) – early, in time
šesť – six
štyri – four
treba – it is neccessary
tri – three
trocha – a little, some
ty – you
učiteľ – teacher
veď – after all
vlak – train
vlastný, á, é – own, proper
voľný, á, é – free
vstávať – to get up
v škole – in the school, at school
vtedy – then
vy – you
vychádzať – go out
vzduch – air
začínať – to begin, to start
zapamätať si – to remember
znamenať – to mean
že – that
život – life

GRAMMAR

1. Classification of verbs. Slovak verbs may be divided into seven conjugations, depending on the endings used in the present and past tense.

2. First conjugation verbs with infinitives ending in *-ať (chytať)* have the vowel *-á-/-a-* throughout their present endings:

	Singular	Plural
1st	chyt-á-m	chyt-á-me
2nd	chyt-á-š	chyt-á-te
3rd	chyt-á	chyt-a-jú

Present Tense

Group	Examples		Singular			Plural		
	Infinitive	1st person	2nd	3rd	1st	2nd	3rd
1.	chytať (to catch)	chyt-á-m	-á-š	-á	-á-me	-á-te	chyt-aj-ú
2.	rozumieť (to understand)	rozum-ie-m	-ie-š	-ie	-ie-me	-ie-te	rozum-ej-ú
3.	niesť (to carry)	nes-ie-m	-ie-š	-ie	-ie-me	-ie-te	nes-ú
	hynúť (to perish)	hyn-ie-m	-ie-š	-ie	-ie-me	-ie-te	hyn-ú
	trieť (to wipe)	tr-ie-m	-ie-š	-ie	-ie-me	-ie-te	tr-ú
	brať (to take)	ber-ie-m	-ie-š	-ie	-ie-me	-ie-te	ber-ú
4.	česať (to comb)	češ-e-m	-e-š	-e	-e-me	-e-te	češ-ú
	žať (to harvest)	žn-e-m	-e-š	-e	-e-me	-e-te	žn-ú
5.	chudnúť (to get slim)	chud-ne-m	-ne-š	-ne	-ne-me	-ne-te	chud-n-ú
6.	žuť (to chew)	žu-je-m	-je-š	-je	-je-me	-je-te	žu-j-ú
	pracovať (to work)	pracu-je-m	-je-š	-je	-je-me	-je-te	pracu-j-ú
7.	robiť (to do)	rob-í-m	-í-š	-í	-í-me	-í-te	rob-ia
	vidieť (to see)	vid-í-m	-í-š	-í	-í-me	-í-te	vid-ia
	kričať (to shout)	krič-í-m	-í-š	-í	-í-me	-í-te	krič-ia

Exercises

1. Conjugate in present tense:

vstávať, mať, byť, bývať, začínať, poznať, chodievať, žiadať, konať, znamenať, nevychádzať, nechávať, nerozprávať, prichádzať, nespávať, pamätať.

2. Give the accusative singular and plural:

voľn- večer, čist- vlak, dobr- učiteľ, nov- poriadok, veľk- prác-, nejak- auto, vlastn- obraz, in- číslo.

3. Read aloud these numbers:

2, 7, 6, 1, 9, 5, 8, 3, 4, 6, 1, 7, 2, 9, 8, 3, 5, 4, 5, 3, 5, 9, 3

4. Say in English:

Ráno vstávam skoro. Večer bývam dlho hore. Prácu začínam ráno. Prácu konám presne, dobre a rýchlo. Celý deň som v škole. Večer čítam. Mám vlastnú izbu. Bývam veľmi ďaleko. Chodievam vlakom. Učiteľ chodieva autom. Ja nemám vlastné auto. Ty máš vlastný dom? Cez deň nemám voľný čas. Kde bývaš? Čo čítaš? Kde je hlavná stanica? Poznáš mesto?

5. Supply the missing adjectives, using correct suffixes:

— učiteľ žiada poriadok. Máme — auto. Čítam — knihu. Máš — čas? Poznám — hry. Máme radi — učiteľov. Hľadám — stavbu. Dostanete — kvety. Autom chodievame na — stanicu. Hľadajú — dom. Ten — dom je —. — deň vstávam veľmi skoro. Dostanete — knihy. Máme — vzduch. V škole sa — čas necháva aj na — hry.

6. Replace the infinitives in brackets by correct forms of the verbs; drop the personal pronouns:

Večer (my – bývať) dosť dlho hore. Ráno (vy – vstávať) dosť skoro. (Ty – poznať) novú ulicu? (Ja – začínať) prácu ráno. Domov (oni – prichádzať) večer. (My – byť) doma celý deň. (On – byť) v škole celý deň. (Vy – nemať) pekný dom. (Ona –

mať) dobrého učiteľa. (Ja – chodievať) cez záhradu. Každý človek (žiadať) poriadok. Aj náš učiteľ (žiadať) poriadok. Naša škola (nemať) vlastný dvor. Chlapci (rozprávať). Pán Oravec (hľadať) nejaký obchod.

7. *Translate into Slovak and then vice versa:*

In the morning I get up very early. I start the day like every other man. Because I live quite far away, I go by train. The teacher demands neatness and accurate work. We also like to be neat and tidy. I do my work accurately and quickly. I am in school all day. But it does not mean that I don't go out in the fresh air. At school we also have time for various games. When I have free time I read. At home we talk.	Ráno vstávam veľmi skoro. Deň začínam tak, ako každý iný človek. Pretože bývam dosť ďaleko, chodievam vlakom. Učiteľ žiada poriadok a presnú prácu. Ale poriadok máme radi aj my. Každú prácu vykonám presne a rýchlo. Cez deň som v škole. Ale to neznamená, že nevychádzam na vzduch. V škole máme čas aj na rozličné hry. Keď mám voľný čas, čítam. Doma sa rozprávame.

8. *Read aloud:*

kompaktný, kompas, kompetentný, komponent, kompromis, koncert, konkluzívny, konkrétny, konduktor, konflikt, kongres, konzerva, konsonant, konštruktívny, kontinent, kontinuita, kontrakt, kontrast, kontrola, korešpondent, koridor, korózia, kozmetika, kozmetický, krém, kreatúra, kredit, krematórium, kríza, kritik, kritický, kritika, kultivátor, kuriozita, cyklista, Slovák, Čech, dáma, dátum, datív, debata, dekáda, december, decentný, decimeter, dekoratívny, defekt, definitívny.

5.

NAŠA RODINA

Naša rodina je veľká – otec, matka, starý otec, stará matka, sestra a ja. Máme vlastný dom a malú záhradu. Bývame v Bratislave pri hlavnej stanici. Môj otec je lekár. Robí v nemocnici. Je chirurg. Má ťažkú a zodpovednú prácu. Aj matka robí v nemocnici. Sestra chodí prvý rok na vysokú školu. Aj ja chodím už tretí rok. Čo povedať o sestre? Nuž hádam to, že rada spieva. Ale aj ja rád spievam. V našej rodine vôbec všetci radi spievame.

V meste máme známych a priateľov, ktorí sú šťastní, keď môžu prísť a sedieť v našej záhrade. Najmä v nedeľu, ale aj v iný deň, napríklad v sobotu, alebo v stredu. V lete, keď je pekne, obyčajne sedíme v záhrade pri stole a počúvame nášho starého otca, ktorý veľmi rád rozpráva. Má bohaté skúsenosti. Starý otec je v poslednom čase (lately) trocha chorý. Ale zmysel pre smiech nestráca. A stará mama hádam vôbec nevie, čo to vlastne znamená byť chorá.

Vocabulary

bohatý – rich
hádam (= asi) – perhaps, maybe
chirurg – surgeon
chodiť, chodievať – to go
chorý, á, é – ill, sick
leto – summer
matka – mother
môcť – to be able to
najmä – above all, particularly, especially
napríklad – for example, e. g.
nemocnica – hospital
neznámy, a, e – strange, unknown

nuž – well
o – about, at
otec – fathery
pekne – nicely
počúvať – to listen, to obey
povedať – to say, to tell
pri – at, near, close to
priateľ – friend; nepriateľ – enemy
príklad – example
prísť – to come
robiť – to do, to work, to make
robotnícky – working, worker´s
rodina – family

sedieť – to sit
sestra – sister
skúsenosť – experience
smiech – laughter
spievať – to sing
stará matka – grandmother
starý otec – grandfather
stôl – table; desk
strácať – to lose
šťastný, á, é – happy

ťažký, á, é – difficult, heavy
v(o) – in
vedieť – to know
vlastne – in fact, actually
vôbec – at all
všetci – all, everybody
zmysel – sense
známy, a, e – well-known, acquaintance
zodpovedný, á, é – responsible

GRAMMAR

1. The conjugation of the verbs of the seventh class with infinitives ending in –*iť, -ieť, -ať (robiť, vidieť, kričať):*

1st	rob-í-m	vid-í-m	krič-í-m
2nd	rob-í-š	vid-í-š	krič-í-š
3rd	rob-í	vid-í	krič-í
1st	rob-í-me	vid-í-me	krič-í-me
2nd	rob-í-te	vid-í-te	krič-í-te
3rd	rob-ia	vid-ia	krič-ia

2. The locative case is used only with prepositions: *v(o), o, pri...* The locative case answers the questions: what, about, about whom, where.

M Sg	M Pl	F Sg	F Pl	N Sg	N Pl
(o) chlapovi	chlapoch	žene	ženách	meste	mestách
hrdinovi	hrdinoch	ulici	uliciach	srdci	srdciach
dube	duboch	dlani	dlaniach	vysvedčení	vysvedčeniach
stroji	strojoch	kosti	kostiach	dievčati	dievčatách

With adjectives:

	M	F	N
Sg	(o) dobrom	(o) dobrej	(o) dobrom
Pl	(o) dobrých	(o) dobrých	(o) dobrých

3. Days of the week:

nedeľa	(Sunday)
pondelok	(Monday)
utorok	(Tuesday)
streda	(Wednesday)
štvrtok	(Thursday)
piatok	(Friday)
sobota	(Saturday)

4. Possessive pronouns in nominative, accusative and locative:

Nominative

	Sg.			Pl.		
1st	môj	moja	moje	náš	naša	naše
2nd	tvoj	tvoja	tvoje	váš	vaša	vaše
3rd	jeho	jeho	jeho	ich	ich	ich
	jej	jej	jej			
	jeho	jeho	jeho			

Accusative

1st	môjho	moju	moje	nášho	našu	naše
2nd	tvojho	tvoju	tvoje	vášho	vašu	vaše
3rd	jeho	jeho	jeho	ich	ich	ich

Note: Accusative inanimate masc.: *môj, tvoj, náš, váš*.

Locative

1st	(o) mojom	mojej	mojom	(o) našom	našej	našom
2nd	(o) tvojom	tvojej	tvojom	(o) vašom	vašej	vašom
3rd	(o) jeho	jej	jeho	(o) ich	ich	ich

5. Irregular verb *môcť* (can, to be able):

1st	môž-e-m	môž-e-me
2nd	môž-e-š	môž-e-te
3rd	môž-e	môž-u

6. Irregular verb *vedieť* (to know):

1st	vie-m	vie-me
2nd	vie-š	vie-te
3rd	vie	ved-ia

7. Cardinal and ordinal numerals (1 – 10):

jeden	prvý, á, é
dva	druhý, á, é
tri	tretí, ia, ie
štyri	štvrtý, á, é
päť	piaty, a, e
šesť	šiesty, a, e
sedem	siedmy, a, e
osem	ôsmy, a, e
deväť	deviaty, a, e
desať	desiaty, a, e

Note: In Slovak, two consecutive long syllables are not generally tolerated in the same word. Therefore the syllable following a long one is shortened; e. g. instead of *krásný* we say *krásny: známy, strácam, počúvam, hádam*. Diphthong is qualified as a long sound and thus after syllables with a diphthong the following syllable is shortened too: *piaty, šiesty, ôsmy*.

Exercises

1. *Conjugate in present tense:*

robiť, chodiť, bývať, začínať, poznať, žiadať, vedieť, vidieť, sedieť, kričať, prichádzať, znamenať, spávať, spievať, môcť, počúvať, byť, mať, strácať, pamätať, rozprávať.

2. *Give the locative singular:*

dobrý chlap, dobrá žena, pekné mesto, hlavná ulica, veľká rodina, stará matka, starý dom, vysoká škola, malá záhrada, dobrý chirurg, posledný rok, moja sestra, náš známy priateľ, iný telefón, bohaté družstvo, ťažká práca, chorá stará matka, chorý starý otec.

3. *Give the accusative and locative singular:*

môj priateľ, tvoj známy, jeho príklad, jej skúsenosť, moja matka, naša sestra, váš stôl, ich smiech, jeho zmysel, tvoj učiteľ, naša práca, ich izba, jej poriadok, môj čas, vaša rodina, tvoje dieťa, jeho hra, náš príklad, jej matka, váš priateľ, moja škola, tvoja sestra, náš známy, jeho číslo, jej auto, váš voz, ich skúsenosť, jej kvet, ich plot, vaše družstvo, náš dvor, moja otázka, váš breh, jeho pomoc.

4. *Give the accusative singular:*

môj starý otec, moja vlastná matka, moje letné ráno, tvoj dobrý učiteľ, naše vysoké číslo, jeho zlá sestra, ich zlá sestra, váš pekný dom, ich zelené auto, jeho dobrý príklad.

5. *Give the correct form of the verbs in brackets:*

Naša rodina (byť) veľká. Môj otec (robiť) v nemocnici. Moja matka (mať) ťažkú prácu. Sestra a ja (chodiť) na vysokú školu. Stará matka a starý otec (vstávať) skoro ráno. Otec a matka (žiadať) doma poriadok. Sestra a matka (sedieť) pri stole. V nedeľu (prichádzať) náš známy priateľ. Starý otec (byť) šťastný, keď (môcť) rozprávať. Sestra v poslednom čase (strácať) zmysel pre smiech. Otec (byť) chirurg. Večer (ja – chodiť) posledný domov. Môj priateľ (sedieť) pri stole. Sestra rada (spievať). My (nemôcť) byť v škole celý deň. Chorý človek (kričať). Ani my (nemôcť) spávať. Učiteľ dobre (vedieť), čo ja (nevedieť).

6. *Give the infinitives of these verb forms:*

nemôžu, vidíš, ste, spievam, býva, majú, rozprávaš, sedíte, viem, robím, poznajú, si, nevidia, môžeme, nemá, počúvate, sú, bývajú, vedia, vieš.

7. *Read the sentence with the noun in correct form:*

Mám dobrého (učiteľ). Počúvam, ako starý (otec) rozpráva o známom (lekár). Niekedy chodím počúvať starú (matka). Som rád, že ste v poslednom (čas) taký šťastný. Bývam v piatom (dom) na hlavnej (ulica). A ja bývam pri našej (škola). Vidíte našu novú hospodársku (stavba)? Naša (škola) je nová, má len štyri (rok). V (leto) je v našej (záhrada) pekne. Rozpráva o (práca). Má bohaté (skúsenosť).

8. *Translate into Slovak and then vice versa:*

We live in Bratislava. Our family is quite big. I have a sister and two brothers. My grandfather is retired. I am already in fourth year at the University. My mother likes singing. My father talks about his experiences. I don´t know what it means to be seriously ill. In the village we have good friends and acquaintances. We sit in our nice garden every Sunday. The chairman sits at the main table. His sister sits at the fourth table and I sit at the last one. I know that you are happy. We all know your teacher. He´s a man who likes order. When I have time I play various games in the garden or in my room. I see that you like to talk about your work.

Bývame v Bratislave. Naša rodina je dosť veľká. Mám sestru a dvoch bratov. Starý otec je v dôchodku. Chodím už štvrtý rok na vysokú školu. Moja matka rada spieva. Otec rozpráva svoje skúsenosti. Neviem, čo to znamená byť ťažko chorý. Na dedine máme dobrých priateľov a známych. V našej peknej záhrade sedávame každú nedeľu. Pri hlavnom stole sedí predseda. Jeho sestra sedí pri štvrtom stole, ja sedím pri poslednom. Viem, že si šťastný. Všetci poznáme vášho učiteľa. Je to človek, ktorý má rád poriadok. Keď mám čas, hrávam sa rozličné hry v záhrade alebo v izbe. Vidím, že rád rozprávaš o svojej práci.

9. Read aloud:

delegát, delikátny, demokrat, dentista, depozit, detail, diagram, dialekt, diktátor, diplomat, diplomatický, disciplína, diskrétny, diskusia, doktor, dokument, dolár, drastický, duplikát, dynamický, ekonomický, egoizmus, Egypt, elastický, elektrický, embargo, embryo, emigrant, emfáza, energický, epidemický, epizóda, erotický, esej, Európa, evidentný, exemplár, exil, experiment, expert, explozívny, export, expres, fabrika, faktor, fakulta, fanatik, fantastický.

6.

LIST

Milá rodina,

konečne som v Bratislave a som rád, že Vám hneď môžem aspoň v liste niečo povedať o ceste na Slovensko. Na mieste som bol už včera večer.

Cesta sem bola veľmi pekná. Vlak nebol plný. Bol takmer prázdny. Mal som noviny, takže raz som čítal a raz som pozeral na mestá, dediny, polia a lesy, cez ktoré prechádzal môj vlak. Celý čas som sa tešil na Bratislavu. Dosiaľ som o nej nemal nijaké predstavy, nevedel som vôbec, ako vyzerá. Vedel som len toľko, že je pekná a že ju Slováci ako hlavné mesto majú veľmi radi.

Na stanici ma čakali chlapci. Mal som totiž ťažké veci – knihy. Autom sme boli za päť minút na mieste. Krásny bol pohľad na Bratislavu večer. Keď som prechádzal cez mesto, nevedel som, na ktorú stranu prv pozerať. Dali mi dobrú izbu, takže mám pekný výhľad po celom kraji. Pre mňa je to veľmi dôležité, lebo naše noviny žiadajú odo mňa nejakú správu o Slovensku. Treba mi teraz mnoho chodiť i pozerať okolo, prechádzať sa v meste a chodiť po celej krajine.

V odpovedi na môj list Vás prosím o správu, či starý otec je už zdravý. Verím, že áno a že už znova chodí do práce. Tu mu urobím pekné obrázky. Aj starej matke, bratovi a sestre.

Ale už končím. List síce nie je dlhý, ale je v ňom všetko, čo sa dá hneď v prvý deň povedať. Spomínam si na všetkých – na Teba, mama, na Teba, otec, starý otec, stará mama, a aj na Teba, Eva. Verím, že o krátky čas mám v rukách dlhú odpoveď na môj krátky list. Už teraz za ňu ďakujem.

Váš Peter

Vocabulary

ako vyzerá? – how das it look like?
aspoň – at least
brat – brother
čakať – to wait, to expect
dlho – long
dosiaľ – so far
dôležitý, á, é – important
konečne – at last
kraj – region, country
krajina – landscape, countryside
krásny, a, e – beautiful
krátky, a, e – short
lebo – because, since
list – letter, leaf
miesto – place, seat, spot
milý, á, é – dear
mnoho – much, many, a lot of
naopak – on the contrary
nijaký, á, é – no (one), no kind of
noviny – newspaper
obrázok – snap
odpoveď – answer
okolo – round, around
plný, á, é – full
pohľad – look, view
pole – field
pozerať (na) – to look (at)

prázdny, a, e – empty
predstava – idea, notion
prechádzať sa – to walk, to go for a walk
prv – before, formerly, first
raz – once, one day
sem – here
síce – though, on the one hand, it is true
– otherwise
skončiť – to end, to finish, to complete
Slovák – a Slovak
Slovensko – Slovakia
spomínať si – to recall, to remember
správa – news, report
strana – side, page
takže – so, thus
tešiť (sa) (na) – to look forward to
toľko – so many, so much
totiž – namely
urobiť – to make, to do
včera – yesterday
veriť – to believe, to trust
všetok, všetka, všetko – everything, all
výhľad – sight, view
vyzerať – look
zdravý, á, é – healthy, sound
znova – again

GRAMMAR

1. Dative singular and plural:

The dative answers the questions: to whom and to what (komu, čomu).

M Sg	M Pl	F Sg	F Pl	N Sg	N Pl
chlapovi	chlapom	žene	ženám	mestu	mestám
hrdinovi	hrdinom	ulici	uliciam	srdcu	srdciam
dubu	dubom	dlani	dlaniam	vysvedčeniu	vysvedčeniam
stroju	strojom	kosti	kostiam	dievčaťu	dievčatám

With adjectives

	M	F	N
Sg	dobrému	dobrej	dobrému
Pl	dobrým	dobrým	dobrým

2. Possessive pronouns in nominative, accusative, locative plural and in dative singular and plural.

Nominative PL		Accusative PL	
(M)	(F, N)	(M)	(F, N)
moji (bratia)	moje (stroje, sestry, polia)	mojich	moje
tvoji (bratia)	tvoje (stroje, sestry, polia)	tvojich	tvoje
jeho (bratia, stroje, sestry, polia)		jeho	—
jej (bratia, stroje, sestry, polia)		jej	—
naši (bratia)	naše (stroje, sestry, polia)	našich	naše
vaši (bratia)	vaše (stroje, sestry, polia)	vašich	vaše
ich (bratia, sestry, polia)		ich	—

Locative PL	Dative Sg		Dative PL
(M, F, N)	(M, N)	(F)	(M, F, N)
mojich —	môjmu —	mojej —	mojim —
tvojich —	tvojmu —	tvojej —	tvojim —
jeho —	jeho —	jej —	jeho —
jej —	nášmu —	našej —	jej —
našich —	vášmu —	vašej —	našim —
vašich —	ich —	ich —	vašim —
ich —	ich —		

3. The past tense of *byť*:

bol (a, o) som (I was)   boli sme (we were)
bol (a, o) si (you were)   boli ste (you were)
M bol (he was)
F bola (she was)   boli (they were)
N bolo (it was)

Note: In the past tense in singular of all verbs, there is a different form for each gender: *bol som, bola som, bol si, bola si, bolo si...*

4. The past tense of verb *chytať* (1st conjugation):

chyt-a-l som	chyt-a-li sme
chyt-a-l si	chyt-a-li ste
chyt-a-l	
chyt-a-la	} chyt-a-li
chyt-a-lo	

5. Some Slovak verbs have reflexive forms: *tešiť sa, prechádzať sa. Sa* is used in the sense „to" or „for" ourselves, herself, itself, himself, themselves: *prechádzam sa, prechádzaš sa, prechádza sa, prechádzame sa, tešil sa, tešila sa, tešili sa.* The dative form is *si: žiadať si, urobiť si.*

6. Personal pronouns *ja, ty, on, ona, ono, my, vy, oni, ony* in nominative, accusative, dative and locative.

N	ja	ty	on	ona	ono	my	vy	oni, ony
A	mňa	teba	jeho	ju	jeho	nás	vás	ich
	ma	ťa	ho	ho				
D	mne	tebe	jemu	jej	jemu	nám	vám	im
	mi	ti	mu	mu				
L	(o) mne	tebe	ňom	nej	ňom	nás	vás	nich

The long forms in the accusative, dative, singular (*mňa, teba, jeho, mne, tebe, jemu*) are used:

a) for emphasis or stress: Čakám teba, nie jeho.

b) at the beginning of sentences: Teba som čakala. Jemu som pomohol.

c) after prepositions (after prepositions *j-* is changed to *ň-*): Spomínala som na neho. (shorter: *naňho*)

Na ňu som spomínala. Pri ňom som bola. Pri nej som bola.

7. Unstressed pronouns (monosyllabic pronouns) are enclitics (E). Enclitic pronouns cannot stand in the first place after a pause. The form *sa, si* and *som, si, je, sme, ste, sú* (they are forms of verb *byť*) are also enclitics.

When more enclitics are in the sentence, they stand in this order:

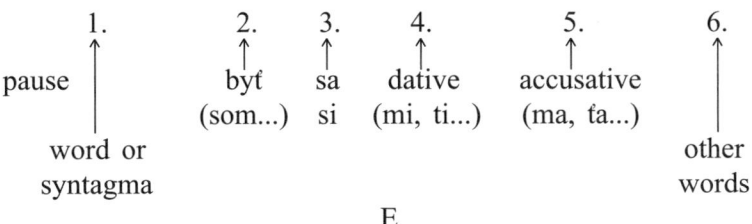

1.	2.	3.	4.	5.	6.
pause	byť	sa	dative	accusative	
	(som...)	si	(mi, ti...)	(ma, ťa...)	
word or					other
syntagma			E		words

Examples: Prechádzam sa.
Prechádzal som sa.
Spomínal ťa.
Dal som mu ho.
Brat ho spomínal.
Ja som mu to dal.

Exercises

1. *Give the dative singular and plural:*

moja pekná cesta, ich prázdny vlak, naše posledné mesto, vaša veľká dedina, široké pole, starý otec, moja stará matka, ktorý vlak, nijaká predstava, celý breh, tvoja krátka správa, jej zdravý brat, jeho dôležitá strana.

2. *Give the correct form of the words in brackets:*

veriť (tvoj dobrý brat), chodiť na (vysoká škola), počúvať o (oni posledná zima), prechádzať cez (iná ulica), sedieť pri (šťastný starý otec), robiť v (naša nová nemocnica), mať (chorá stará matka), poznať (iný lekár), bývať pri (on známy priateľ), spávať cez (celý deň), kričať na (každý človek), nevidieť (zelený les), počúvať o (nová kniha).

3. *Conjugate in the past tense:*

byť, chytať, pozerať sa, vyzerať, čakať, žiadať, prechádzať sa, spomínať.

4. *Arrange these words in correct order:*

Konečne som v Bratislave. Napísať môžem vám. Cesta je pekná sem. Vlak prázdny je. Si mal noviny. Teším na sa Bratislavu. Vy tešili na sa Bratislavu ste. Ma chlapci na čakali stanici. Ťažké mal veci som. Prechádzal mesto som cez. Izbu dobrú dali mi. Ti dobrú nedali izbu. Treba chodiť mi mnoho teraz. Sa prechádzať treba. Si na spomínam všetkých. Mal v rukách som odpoveď dlhú.

5. *Put the verbs into the past tense:*

Moja rodina je veľká. Matka nemá ťažkú prácu. Sestra vstáva skoro ráno. Náš učiteľ žiada od nás poriadok. My žiadame poriadok. Strácate v poslednom čase zmysel pre smiech. Oni sa rozprávajú o našej škole. Ona rozpráva o zlej ceste. Päť minút mám čas. Dieťa rado spieva. Konečne som v našej peknej Bratislave. Sme radi, že nám píšete. Vlak je takmer prázdny. Jeho matka má noviny, takže raz číta a raz pozerá na naše dediny a mestá, cez ktoré prechádza jej vlak. Celý čas sa teším na našu Bratislavu. Nemám o nej nijaké predstavy. Čakám na teba. Matka nemá pekný výhľad na vaše mesto.

6. *Give the long forms in the accusative and dative and then the short forms in the accusative and dative:* ja, ty, on, ono.

7. *Supply the correct form:*

Čaká na (ja) aj na (ona). Pozerá sa na (ty) a na (ona). Verí (ja) aj (ty). Pomáha (on, ona i ja). Spomíname na (vy i oni). Nemám predstavu o (on). Mám (vy i oni) to povedať. Ďakujem (ty aj on) za všetko. Sedí pri (on a ona). Prichádza k (ty a on).

8. *Supply the correct form:*

(Ty – dat.) nedali dobrú izbu. Nedali (ty – dat.) dobrú izbu. Pre (ja) je to veľmi dôležité. (On) sme čakali na stanici. Aj (ona) sme čakali. Na (ona) netreba čakať, ale na (on) áno. Na (ty) si spomínala, ale na (ja) nie. Krásny bol pohľad na (ona). Nemám nijakú predstavu o (ona). Mám (ty) to povedať. (Ty) to môžem povedať. O (on) nemám predstavu. Už teraz za (ona) ďakujem.

9. *Translate into Slovak and then vice versa:*

I am glad I can tell you something about the journey to Slovakia. The journey here was beautiful. In the train I read. The train went through the nice towns, woods and villages. I was looking forward to Bratislava, because I did not know at all what it would be like. I knew that Bratislava was a nice town. Grandfather was waiting for me at the station because I had some heavy things. When I went across the town I did not know where to look. I have a nice view of the whole town. It is necessary to publish some report in the newspaper. I need to go and look around the countryside a lot. I am asking you for news of whether mother is already well. The letter is not long but it is important. I think of everybody. Thank you in advance for your reply.	Som rád, že Vám môžem niečo povedať o ceste na Slovensko. Cesta sem bola krásna. Vo vlaku som čítal. Vlak prechádzal cez pekné mestá, lesy a dediny. Tešil som sa na Bratislavu, lebo som vôbec nevedel, ako vyzerá. Vedel som, že Bratislava je pekná. Starý otec ma čakal na stanici, lebo som mal ťažké veci. Keď som prechádzal cez mesto, nevedel som, kde sa mám pozerať. Mám pekný výhľad na celé mesto. Treba dať nejakú správu do novín. Treba mi mnoho chodiť a pozerať sa po krajine. Prosím vás o správu, či je matka už zdravá. List nie je dlhý, ale je dôležitý. Spomínam si na všetkých. Ďakujem už teraz za Vašu odpoveď.

10. *Read aloud:*

fašizmus, február, federálny, federatívny, festival, feudálny, fikcia, figúra, film, filter, finálny, financie, Fínsko, flanel, fluktuácia, fond, forma, formálny, formulár, fraktúra, frekvencia, funkcia, galéria, garáž, generácia, Ženeva, génius, geografia, geológia, gigantický, glóbus, gól, gram, gramofón, grécky, haló, harmónia, hazard, historický, história, hystéria, hysterický, hokej, horizont, horor, hotel, humánny, hydrogén, hyena, hygiena.

7.
KDE, ČO A AKO KÚPIŤ

Potrebujem si kúpiť rôzne veľmi potrebné veci, napríklad chlieb, mlieko, víno, papier a iné. Dnes mám na to dosť času. Totiž nerád robím tú prácu, lebo nemám rád dlhé rady, v ktorých musíme čakať. Muži vôbec neradi v dlhých radoch čakajú. Ale nemám pomoci. Peniaze mám, mnoho vecí už naozaj veľmi potrebujem, ukazovať viem, a teda idem. Prečo hovorím, že ukazovať viem? No preto, lebo dnes sa veľa vecí dá kúpiť, aj keď nepoznáme ich mená, keď nevieme, ako sa nazývajú. Stačí, ak človek má peniaze, ak pozná meracie jednotky, ak si vie vybrať, čo potrebuje, ak pozná čísla, ak vie čítať. Stačí potom, keď vie iba ukazovať a hovoriť: prosím si toto, prosím si 2 kusy z tohto, 5 kusov chcem z tohto, za 4 koruny z tohto a podobne. A keď vie povedať ďakujem. Áno, tak je to. Ja toho potrebujem veľmi málo. Tu chcem byť totiž len dva týždne, teda asi polovicu mesiaca. No a mnoho drobných vecí mám z domu. Načo teda platiť za veci, ktoré potom nechám tu.

V tomto meste veci nie sú drahé a proti ich kvalite tiež nič nemám. Napríklad slovenské vína – biele i červené – sú dobre známe ďaleko vo svete. Tie chcem kúpiť aspoň bratovi a priateľom, pretože ja vôbec nepijem.

A: Dobrý deň.
B: Dobrý deň. Čo sa bude páčiť?
A: Prosím si tri kusy z tohto bieleho a šesť kusov z tohto.
B: A čo ešte?
A: Ak máte toto. Ale v zelenej farbe.
B: Máme. Koľko vám dať?
A: Potrebujem len veľmi málo a nepoznám cenu.
B: Cena? Desať korún jeden kus.

A: Tak si prosím dva kusy. Môžete mi ich dať do tohto papiera? Ešte jeden kus mi môžete pridať.
B: Prosím.
A: A iný druh už nemáte? Potrebujem totiž aj iné tvary.
B: Žiaľ, nemáme. Aké množstvo potrebujete?
A: Nie mnoho. Tiež iba dva kusy.
B: My tento druh nemáme, ale keď ho veľmi chcete, môžete ho kúpiť neďaleko, v obchode.
A: Ďakujem vám za radu. Dovidenia.
B: Dovidenia.

Vocabulary

biely, a, e – white
červený, á, é – red
čo ešte? – what else
čo sa bude páčiť? – what can I do for you?
drahý, á, é – expensive
drobný, á, é – tiny, little, small
druh – sort, kind, article, companion
chcieť – to want
chlap – man, fellow
chlieb – bread
iba – only, just
idem – I´m going
koľko – how much, how many
koruna – crown
kúpiť, kupovať – to buy
kus – piece
kvalita – quality
málo – few, little
meno – name
mesiac – month, moon
miery – measures
množstvo – number, quantity, a lot of
načo – why, what for
naozaj – really, indeed
nazývať, nazvať – to call, to name
nič – nothing
papier – paper

peniaze – money
piť – drink
podobne – and so on (etc.), similarly
polovica – half
potrebný – necessary
potrebovať – to need
prečo – why
pridať – to add
proti – against
rad – row, line, queue
rada – advice
rozprávať (sa) – to speak, to chat
rôzny, a, e – various, different
sedem – seven
slovenský, á, é – Slovak
stačiť – to suffice, to be enough
svet, svetový, á, é – world
teda – so, then
tiež – also, too, as well
tvar – form, shape
týždeň – week
ukázať – to point, to show, to indicate
veľa – much, many, a lot of
vie – he knows
víno – wine
vybrať, vyberať – to choose
z(o) – from, of, out of
žiaľ – unfortunately, sorry to say

GRAMMAR

1. Genitive singular and plural.

The genitive answers the questions: of whom (koho), of what (čoho), from whom (od koho), from what (od čoho).

M Sg	M Pl	F Sg	F Pl	N Sg	N Pl
chlapa	chlapov	ženy	žien	mesta	miest
hrdinu	hrdinov	ulice	ulíc	srdca	sŕdc
duba	dubov	dlane	dlaní	vysvedčenia	vysvedčení
stroja	strojov	kosti	kostí	dievčata	dievčat

The genitive plural of feminine and neuter nouns deserves special attention. It possesses three characteristics:

a) The models *žena, ulica, mesto, srdce* and *dievča* form the genitive plural by cutting off the ending and lenghthening the vowel in the preceding syllable or changing that vowel into a diphthong. Examples: *žena – žien, ulica – ulíc, mesto – miest, srdce – sŕdc, meno – mien, ruka – rúk*.

b) If the word becomes unpronounceable because of a cluster of consonants at the end, inserts *ie* (sometimes *á* or *ô*) between the last two: *matka – matiek, sestra – sestier*.

c) The models *dlaň, kosť, vysvedčenie* and few words under *ulica* and *srdce* receive a long *í*. Examples: *dlaň – dlaní, kosť – kostí, vysvedčenie – vysvedčení, pole – polí, odpoveď – odpovedí, skúsenosť – skúseností*.

With adjectives:

	M	F	N
Sg	dobrého	dobrej	dobrého
Pl	dobrých	dobrých	dobrých

2. Forms of demonstrative pronouns (*ten, tá, to* – this) in N, A, G, L, D:

	Singular		
	M	F	N
N	ten	tá	to
A	toho[1], ten[2]	tú	to
G	toho	tej	toho
L	(o) tom	(o) tej	(o) tom
D	tomu	tej	tomu

Plural		
N		tí[1], tie[2]
A		tých[1], tie[2]
G		tých
L		(o) tých
D		tým

Notes: 1. men and animals, 2. all others

3. Conjugation verbs of the sixth class *(pracovať* – to work, *žuť* – to chew):

A. Present tense

Singular

1st	prac-uj-em	žuj-em
2nd	prac-uj-eš	žuj-eš
3rd	prac-uj-e	žuj-e

Plural

1st	prac-uj-eme	žuj-eme
2nd	prac-uj-ete	žuj-ete
3rd	prac-uj-ú	žuj-ú

B. Past tense

	Singular			Plural
	M	F	N	M F N
1st	pracoval som	-a som	-o som	pracovali sme
2nd	pracoval si	-a si	-o si	pracovali ste

3rd   M pracoval   pracovali
      F pracovala
      N pracovalo

	Singular			Plural
	M	F	N	M F N
1st	žul som	-a som	-o som	žuli sme
2nd	žul si	-a si	-o si	žuli ste
3rd	M žul			žuli
	F žula			
	N žulo			

Exercises

1. Give the genitive singular and plural:

dlhý rad, dobrá vec, slovenské víno, môj brat, dobrá žena, potrebný tovar, známy robotník, dobrá skúsenosť, posledný list, chorý, nijaká predstava, krásny kraj, nejaká správa, dôležitá žiadosť, zdravý, dlhé pole, iný človek, náš vlak, vlastný učiteľ, vysoký pán, malá dedina, čistá ulica, zelený strom, nejaká drahá záhrada, celý obraz, iná krajina, vysoký dom, nový tvar, náš pán učiteľ.

2. Decline in singular and plural (A, G, L, D):

ten môj posledný list, tá naša známa žiadosť, to tvoje zelené pole, ten váš dobrý učiteľ, tá ich skúsenosť, nijaká jeho predstava, tá jej dôležitá správa.

3. Conjugate in present and in past tense:

potrebovať, ukazovať, chcieť, byť, nebyť, pozerať, nazývať, čakať, žiadať, prechádzať sa, veriť, robiť, skončiť, pridať, spomínať, pracovať.

4. Supply the genitive of the words in brackets:

Dnes mám dosť (čas). Potrebujeme si kúpiť mnoho (vec). Chcem nejakú odpoveď z (naše mesto). Každý z (naša rodina) pekne spieva. Poznám cenu (táto stavba). Môžem piť z (toto mlieko)? Teším sa z (vaša správa). Musím si zapamätať číslo (tvoj dom). Nepoznám mená (všetky mesiace v roku). Mám víno (dobrá kvalita).

5. *Give correct forms of the verbs in brackets*:

Chcem už (skončíme) tú prácu. Treba každé ráno (vstávali) včas. Začínam (rozprávajú) o Bratislave. Teším sa, že ma chcete (čakáš). Stačím to (urobia). Môžete mu to (veria). Viem veľmi dobre (spievate). Chcem ti (rozprávala) o mojich bohatých skúsenostiach. Môžu (som) celý deň doma. Treba dobre (poznáte) našu krajinu. Nechcela (ste) s nami v záhrade. Viem (hrajú) rozličné hry.

6. *Fill in the appropriate form of* ten, tá, to.

Všetky — veci veľmi potrebujem. Rád robím — prácu. Mám už málo — času. Kúpil som bratovi — drahú vec. Som rád, že vám môžem niečo povedať o — mojej ceste. Prechádza sa pri — známom mieste. Prosím si — dva kusy. Ale — farbu už nemáme. Kúpim ti — víno. Znova — žiadaš od neho? Vidím ho tam, pri — stole. Rozprával o — vysokej škole. V — krajine som bol veľmi šťastný. Veríme, že už v — roku skončíte — školu. Spomínate si na — malú dedinu? Ďakujem za — váš posledný list. Spomínam si na — všetko veľmi rád. Nerád si spomínam na — ťažkú prácu. Ďakujem vám za — pomoc.

7. *Translate into Slovak and then vice versa:*

I work from morning till evening. I want to buy some bread and milk. Do you like long queues in which you must wait? I don´t know the names of all small things. We must pay for everything. Slovak wines are well-known for throughout the world. That is my	Pracujem od rána do večera. Chcem kúpiť chlieb a mlieko. Máš rád dlhé rady, v ktorých musíš čakať? Nepoznám mená všetkých drobných vecí. Musíme platiť za všetko. Slovenské vína sú dobre známe ďaleko vo svete. To je záhrada môjho brata a to je dom

brother's garden, and that is my sister's house. I want to tell you what I'm doing. I like to remember that nice little town. I have a book from your teacher. I don't know the names of all the teachers. I'll choose something from these nice things. Thank you, but I don't need any. We would like a lot of things but we have nothing. Today I have really little time. Why didn't you buy some of that red wine? Two pieces of that bread, please. I don't know your weights and measures. It's enough when you know well how to show it. Everything you have here is very expensive. Unfortunately today I really can't buy anything, because I haven't got any money. What quantity do you need? I can't say, because I don't know the prices.

mojej sestry. Chcem vám povedať, čo robím. Rád si spomínam na to malé pekné mesto. Mám knihu od tvojho učiteľa. Nepoznám mená všetkých učiteľov. Vyberiem si niečo z týchto pekných vecí. Ďakujem, nepotrebujem. Chceli by sme veľa vecí, a nemáme nič. Dnes mám naozaj málo času. Prečo ste si nekúpili z toho červeného vína? Prosím si dva kusy tohto chleba. Nepoznám vaše meracie jednotky. Stačí, keď viete dobre ukazovať. Všetko tu máte veľmi drahé. Žiaľ, dnes naozaj nemôžem nič kúpiť, lebo nemám peniaze. Aké množstvo potrebujete? Neviem povedať, lebo nepoznám ceny.

8. Read aloud:

idea, ideál, ideológia, ilegálny, ilúzia, ilustrácia, imigrácia, imunita, imperatív, import, incident, index, India, indiferentný, indiskrétny, individuálny, industria, infinitív, inflácia, influencia, informácia, iniciatíva, inšpirácia, inštancia, inštinkt, integrita, inteligencia, intenzita, internacionálny, interval, intimita, invalid, invázia, Írsko, ironický, Island, Izrael, džem, Japonsko, džez, Jeruzalem, Jozef, džús, Kórea, laboratórium, lampa, latinský, Libanon.

8.
ČO BUDEM ROBIŤ ZAJTRA

Aj dnes večer, ako vždy, chcem urobiť plán toho, čo budem robiť zajtra. V istých veciach sú dni podobné, ba sú až rovnaké, ale v istých veciach je každý deň iný. A práve preto robím nový plán na každý deň.

Zajtra nebude nedeľa, a preto sa treba pripraviť do práce ako obyčajne. Ráno už nebudem ležať tak dlho, ako som ležal včera a dnes. Rýchlo sa pripravím do roboty a keď budem hotový, vydám sa na cestu. Cestou sa zastavím u priateľa, ktorý od začiatku roku pracuje tam, kde ja. On ma už bude čakať pred stanicou ako vždy. Potom budem spolu s ním pokračovať v ceste do práce. A čo v úrade? Tam ide (letí) čas ako voda. Napríklad zajtra stratíme ešte asi tri-štyri hodiny, lebo chceme splniť úlohu, ktorá na nás čaká už vari dva týždne. Až potom sa s chuťou dáme do niečoho celkom nového. Zajtra vypracuje naše vedenie nový plán práce na tento mesiac. Bude v ňom myslieť na to, že nám už veľmi pomôžu nové metódy, ktoré vypracovalo v poslednom roku.

Po práci pôjdem ešte kúpiť niečo, na čo mám chuť. Potom pôjdem kúpiť lístok na vlak a vrátim sa domov. Doma po dobrej večeri si niečo prečítam z novín, urobím poriadok v izbe, okolo domu a ak ešte budem mať trochu času, pôjdem do záhrady. Dnes chcem napísať a poslať list pánu učiteľovi. Večer ma možno zasa príde pozrieť priateľ so ženou a možno, že ja pôjdem k nim. Zavolám ho, uvidím, čo povie. S ním, s jeho ženou i s mojou ženou často presedíme spolu celý večer. Ale nie bez slova. Každý z nás mnoho rozpráva.

Tak to býva u mňa každý deň a asi to tak bude aj zajtra. Na tom nič nezmením.

Vocabulary

ale – but
až – till, until, even
ba – even, nevertheless, yet
bez – without
celkom – quite, completely
čítať, prečítať – to read
dať, dávať – to give, to put
dnes – today
do – to, into, till, until, up to
hodina – hour, lesson
hotový, á, é – ready, prepared
chuť – taste, appetite
chytiť, chytať – to catch
i – and, also
ísť – to go
istý, á, é – sure, certain
k(u) – to, towards
ležať – to lie
lístok – ticket, note, slip, postcard
meniť, zmeniť – to change, to alter, to transform
metóda – method
možno – maybe, perhaps
myslieť – to think
nedeľa – Sunday
od(o) – from
plán – plan
po – after
podoba – shape, form
podobný, á, é – similar, (a)like

pokračovať – to continue, go on
pomôcť – to help, to assist
pozrieť – to look, to see
práve – just
pred – before, in front of
pripraviť (sa), pripravovať (sa) – to get ready, to prepare
robota – work
rok – year
rovnaký, á, é – equal, the same
s(o) – with
slovo – word
splniť – to fulfil
spolu – together
strácať, stratiť – to lose
u – at, by, near
úloha – task
úrad – office, bureau
vari – maybe, probably
vedenie – leadership, management
vidieť, uvidieť – to see
volať, zavolať – to call
vrátiť (sa), vracať (sa) – to return (to come back)
vydať sa (na cestu) – to set out (for a journey)
vypracovať – to elaborate
začiatok – start, beginning
zajtra – tomorrow
zastaviť sa – to call for sb.
žena – woman, wife

GRAMMAR

1. Aspect. All Slovak verbs may be classified as belonging to one of two aspects: perfective or imperfective. A verb that indicates a complete action, i.e. an action begun and completed – immediately or after some time, is a perfective verb. A verb

that indicates an incomplete action, e.g. an ingressive, continuous, repeated or habitual action is an imperfective verb.

a) Perfective
   kúpiť
   pripraviť
   chytiť
   vrátiť
   stratiť

b) Imperfective
   kupovať
   pripravovať
   chytať
   vracať
   strácať

Many perfective verbs can be formed from an imperfective verb by adding a prefix, with no other subsequent change:

volať	zavolať	čítať	prečítať
meniť	zmeniť	plniť	splniť
pracovať	vypracovať	sedieť	presedieť
vidieť	uvidieť	robiť	urobiť

The imperfective aspect is used when we stress the action without referring to a definite termination or result. The perfective one, when the verbal action is brought to a clear termination, or a definite result is achieved.

2. All perfective verbs have a present tense form, but a future meaning:

kúpim, kúpiš, kúpi, kúpime, kúpite, kúpia = I shall buy
pripravím, pripravíš, pripraví, pripravíme, pripravíte, pripravia
chytím, chytíš, chytí, chytíme, chytíte, chytia
vrátim, vrátiš, vráti, vrátime, vrátite, vrátia
vypracujem, vypracuješ, vypracuje, vypracujeme, vypracujete, vypracujú
uvidím, uvidíš, uvidí, uvidíme, uvidíte, uvidia
prečítam, prečítaš, prečíta, prečítame, prečítate, prečítajú
splním, splníš, splní, splníme, splníte, splnia
urobím, urobíš, urobí, urobíme, urobíte, urobia

The future tense of imperfective verbs is formed with the infinitive of the verb and the future of *byť*:

   budem kupovať, budeš kupovať...

budem pripravovať...
budem chytať...
budem vracať...
budem pracovať...
budem vidieť...
budem čítať...
budem plniť...

Perfective and imperfective verbs – as we see – belong to different conjugations, and there also may be differences in the stem and the connecting element: *chytiť-chytať, vrátiť-vracať.*

3. Conjugation of the irregular verb *ísť* (perf.)

Present Tense	Past Tense	Future Tense
idem	šiel som	pôjdem
ideš	šiel si	pôjdeš
ide	šiel, šla (ona)	pôjde
	šlo (ono)	
ideme	šli sme	pôjdeme
idete	šli ste	pôjdete
idú	šli	pôjdu

4. Instrumental singular and plural.

The instrumental answers the questions: with whom (s kým), with what (s čím)?

M Sg	M Pl	F Sg	F Pl	N Sg	N Pl
chlapom	chlapmi	ženou	ženami	mestom	mestami
hrdinom	hrdinami	ulicou	ulicami	srdcom	srdcami
dubom	dubmi	dlaňou	dlaňami	vysvedčením	vysvedčeniami
strojom	strojmi	kosťou	kosťami	dievčatom	dievčatami

With adjectives and pronouns:

	M	F	N
Sg	dobrým, tým	dobrou, tou	dobrým, tým
Pl	dobrými, tými	dobrými, tými	dobrými, tými

5. Genitive and instrumental of personal pronouns:

N	ja	ty	on	ona	ono	my	vy	oni, ony
G	mňa ma	teba ťa	jeho ho	jej	jeho ho	nás	vás	nich
I	(so) mnou	tebou	ním	ňou	ním	nami	vami	nimi

Exercises

1. *Give the instrumental singular and plural:*

dlhý rad, ten môj posledný list, drobná vec, dobré biele slovenské víno, tá naša prvá známa žiadosť, starý otec, ten známy robotník, tieto plány, nijaké jeho predstavy, nový lístok, tá jej dôležitá správa, nejaká nová žiadosť, to dlhé pole, tá čistá ulica, chorý pán, celý obraz, drahá látka, zelený strom, malé mesto, dobrá predstava, naša nová metóda, staré drevo, rovnaký úrad, dôležitá hodina.

2. *Decline in all cases (A, G, L, I, D):*

ja, ty, on, ona, ono, my, vy, oni, ony.

3. *Form future tense (first person only) – perfective and imperfective (i = imperfective, p = perfective):*

bývať (i), čakať (i), chytiť (p), dať (p), konať (i), kúpiť (p), ležať (i), stratiť (p), mať (i), prísť (p), nechávať (i), môcť (i), pomôcť (p), poznať (i), prichádzať (i), ísť (i), počúvať (i), pozerať (i), prechádzať (i), piť (i), pripraviť (p), pripravovať (i), pokračovať (i), pamätať (i), pozrieť (p), rozprávať (i), spievať (i), robiť (i), spávať (i), urobiť (p), skončiť (p), splniť (p), stačiť (i), potrebovať (i), spomínať (i), vidieť (i), vstávať (i), začínať (i), znamenať (i), vydať (p), zavolať (p), vychádzať (i), zapamätať si (p), vedieť (i), zmeniť (p), tešiť sa (i), vyzerať (i), veriť (i), ukazovať (i), zastaviť (p), vypracovať (p), volať (i), uvidieť (p), sedieť (i), presedieť (p), strácať (i).

4. *Put into future tense:*

Večer som doma. Čakám na svojho priateľa. Spolu s ním sedíme celý večer. Prečítali celú knihu. Kúpil som papier. Nemal čas, a preto neprišiel. Prišli ku mne a rozprávali mi o novej stavbe. Prišiel som za ním a vydali sme sa na cestu do školy. Potrebujeme tri koruny. Zmenili nám číslo domu. Pripravíme vám nejaké kvety. Prečo ste nám ich nepripravili? Včera som sa vrátil domov veľmi skoro. Splnil si tú úlohu? V jeseni som chodieval do záhrady a v zime som sedel doma. Keď sme vychádzali z domu, pripravili sme si drobné peniaze na vlak. V nedeľu prišiel k nám aj s bratom. List som skončil. Býval u mňa. Sedel pri mne.

5. *Fill in correct prepositions:*

Chodím — školy takmer každý deň. Pokračujem — tej ťažkej práci. Keď som prišiel — úradu, šiel som — matkou — záhrady. Cestou — hlavnú stanicu si spievala. Prečo sa — vám dosiaľ nevrátil? Žiadajú — neho nejaké peniaze. Starý otec teraz býva — sestry. Vždy sa teším, keď začína rozprávať svoje skúsenosti — ciest. Plán nemôžeme vypracovať — teba. Teraz sedí — tvojom stole. Nerád počúva — mojich predstavách. Sedel — mne. Budem sa vracať — mesta. Cestou — stanicu ti kúpim noviny. Bude to stačiť, keď kúpim chlieb iba — desať korún? — tej dlhej ceste sa ešte zastavil — mňa. Čakal som ťa — ich domom.

6. *Choose the suitable verb in the present tense:*

Mlieko (kúpi, kupuje) každý deň. Stále (robí, urobí) tú istú prácu. Už týždeň (prečítam, čítam) tú knihu, čo si mi dal ty. Od rána ti (pripravujem, pripravím) správu o našej robote. Dnes už dobre (vidím, uvidím), prečo si tak pokračoval. Vidím, že sa radi (chytíte, chytáte) aj ťažkej roboty. (Prichádza, príde) za mnou jeden môj známy. Všetko si dobre (zapamätám, pamätám). S ňou (sedím, presedím) celý večer. Prečo sa (nepripravíš, nepripravuješ) do školy?

7. *Put into future tense:*

Dnes večer robím plán na zajtra. Zajtra nie je nedeľa, a preto sa pripravujem do práce ako obyčajne. Na ceste do práce ma čaká priateľ. S ním spolu pokračujem až na stanicu. V našom pláne pamätáme na všetko. V poslednom roku nám pomáhajú nové metódy v práci. V nedeľu si niečo čítam a potom si robím poriadok okolo domu. Ak mám trochu času, idem ešte do záhrady. Dnes mením celý ten plán.

8. *Translate into Slovak and then vice versa:*

Today I will make a plan of what I will do tomorrow. Every day I make myself a new plan. Tomorrow is not a Sunday and therefore I must prepare for work as usual. I will not lie in bed so long in the morning as I did yesterday. I will get ready for work quickly and set out on my journey. On the way I will stop at my friend´s who works with me. He will already be waiting for me in front of the station. And in the office? For instance tomorrow we want to do a job which has already been waiting for us for three days. And only then we want to start something new. After work I will go to buy something. At home I will put things

Dnes si urobím plán, čo budem robiť zajtra. Každý deň si robím nový plán. Zajtra nebude nedeľa, a preto sa treba pripraviť do práce ako obyčajne. Ráno nebudem ležať tak dlho, ako som ležal včera. Rýchlo sa pripravím do roboty a vydám sa na cestu. Cestou sa zastavím u priateľa, ktorý pracuje so mnou. On ma už bude čakať pred stanicou. A v úrade? Napríklad zajtra chceme splniť úlohu, ktorá na nás čaká už tri dni. A až potom sa chytíme do niečoho celkom nového. Po práci pôjdem niečo kúpiť. Doma si urobím poriadok. Večer asi príde priateľ so ženou. S nimi presedím celý večer. Ale nie bez slova. Každý z nás bude mnoho rozprávať.

in order. In the evening a friend and his wife are probably coming. I will spend the whole evening with them. But not in silence. Each one of us will have a lot to talk about.

9. *Read aloud:*

legálny, legenda, lexikálny, liberál, licencia, lift, lingvistika, literatúra, lokálny, lokomotíva, logika, Londýn, lord, luster, luxus, lyrika, Madrid, magnet, malária, Malta, manifest, manufaktúra, margarín, marmeláda, maršal, martýr, maska, masívny, materiál, matematika, máj, mechanik, medicína, melanchólia, melodický, melódia, memoriál, mentálny, metalurgia, metafora, meteor, meter, Mexiko, mikrób, mikrofón, mikroskop.

9.
HALÓ, KTO JE TAM?

Pán Bielik prišiel do nášho hlavného mesta na medzinárodný kongres učiteľov, ktorý sa koná (= take place) každé tri roky v inom meste. Tu má svojho dobre známeho priateľa. Má chvíľu voľného času, a preto mu ide volať.

B: Haló, je tam pán Horák? Tu je Bielik.
H: Dobrý deň, pán Bielik. Mám radosť, že počujem váš hlas. Dávno som vás nepočul. Kde ste vlastne?
B: Vo vašom meste. Prišiel som na kongres, ktorý sa tu koná v týchto dňoch. A pretože mám trocha času, chcel som vás počuť alebo, ak to bude možné, a ak ma môžete prijať, chcem vás aj vidieť.
H: Teší ma, že mi voláte. A urobíte mi veľkú radosť, ak ma prídete aj pozrieť.
B: Pravdaže prídem. O tom budeme ešte hovoriť. Ale zatiaľ aspoň veľmi krátko. Ako sa má vaša rodina?
H: Ďakujem, celkom dobre. Nikto nie je chorý, nič nikomu nechýba. Nikde nechodíme, čo svedčí o tom, že doma sa všetci cítime veľmi dobre. A čo vy? Už niekoľko ráz som si pomyslel, že napíšem, ale nikdy som sa k tomu nedostal. Vždy mi niečo do toho prišlo.
B: Ach, dobre viem, ako je to. Máte svoje veci, svoje vlastné problémy.
H: Tak ako ostatní. Keď je už reč o tom, prosím vás, pán Bielik, ako sa majú vaši synovia? Ako sa učia? Iste máte z nich radosť (= You're pleased with them).
B: Viete, ako je to, keď deti tiež už majú svoje vlastné záujmy. Povedia vám iba niečo alebo dokonca celkom nič. Ale ja to chápem. Myslím si, že s nimi je to zatiaľ všetko v poriadku.

H: To som rád. A čo tento kongres? Má pre vás význam?
B: Obrovský. Tak z vedeckej, ako aj zo spoločenskej stránky. Zišla sa tu dobrá spoločnosť. Hovoríme o spoločných, všeobecných i o svojich vlastných problémoch. Vzťahy medzi nami sú dobré. Škoda, že tu budeme príliš krátko. Kongres bude trvať len týždeň, a to rýchlo prejde.
H: Musíme sa teda ešte stretnúť.
B: Áno. Ja sám vám budem volať, asi o tri dni.
H: Máte moje číslo? Mám to isté ako predtým.
B: Pravdaže mám. Tak zatiaľ dovidenia, pán Horák.
H: Teším sa na vás, pán Bielik. Dovidenia.

Vocabulary

a čo vy? (a ako vy?) – and you? and what about you?
ďaleký, á, é – distant, far
dávno – long ago
dokonca – even
dostávať (sa), dostať (sa) – to get
hlas – voice
hlavné mesto – capital
hovoriť – to talk, to speak
chápať – to understand, to grasp
chvíľa – moment
chýbať – to miss, to lack
kongres – congress
medzi – between, among
medzinárodný, á, é – international
možné – possible
niekde – somewhere
niekoľko – a few, several
niekto – somebody
niektorý, á, é – some
nik, nikto – nobody, no one
nikde – nowhere
nikdy – never
obrovský, á, é – vast, huge, gigantic
ostatní, é – the other, the rest
písať – to write
počuť – to hear
pomyslieť si – to think of sth.
pravdaže – of course, naturally
predtým – before
prejsť – to pass, to go over, to cross
prijať – to receive, to accept
príliš – too (much)
problém – problem
radosť – joy, delight, pleasure
-ráz – times
reč – speech
robiť – to do, to work, to make
spoločnosť – society, company
spoločný, á, é – common, collective
spoločenský, á, é – sociable
stránka – aspect, point of view
stretať (sa), stretnúť (sa) – to meet
svedčiť – to testify
svoj, a, e, i – his, her, its, our, your, their
škoda – damage, it is a pity, what a pity
ten istý, tá istá, to isté – the same
trvať – to last
učiť (niekoho) – to teach
učiť (sa) – to learn, to study
veda – science, learning
vedecký, á, é – scientific
všeobecný, á, é – common, general
význam – importance, significance
vzťah – relation, relationship
zatiaľ – so far, in the meantime
záujem – interest
zísť sa – to meet

GRAMMAR

1. Indefinite and negative pronouns and adverbs:

Indefinite pronouns and adverbs are formed by prefixing the particle *nie-* to the pronouns or adverbs:

kto	→	niekto (somebody, any-, someone, any-)
čo	→	niečo (something)
kde	→	niekde (somewhere)
kedy	→	niekedy (sometimes)
ktorý	→	niektorý (some)
koľko	→	niekoľko (a few, several)

Negative pronouns and adverbs are formed by prefixing the particle *ni-* to the pronouns or adverbs:

kto	→	nikto, nik (nobody, no one)
čo	→	nič (nothing)
kde	→	nikde (nowhere)
kedy	→	nik(e)dy (never)
(j)aký	→	nijaký (no kind)

The rule, that two negatives make a positive does not apply in Slovak. Two, three and even more negatives are commonly used in one sentence in Slovak.

English	Slovak
I have nothing.	Nemám nič.
I see nobody.	Nevidím nikoho.
They never wanted to go.	Nikdy nechceli ísť.
He never has anything.	On nikdy nič nemá.
No one was there.	Nikto tam nebol.
No one has ever been there.	Nikto tam nikdy nebol.

2. Possessive pronouns *svoj, a, e, i*:

Pronoun *svoj* (one's own) refers back to the subject of the sentences:

Mám svoju knihu. Máme svoju knihu.
Máš svoju knihu. Máte svoju knihu.
Má svoju knihu. Majú svoju knihu.

Pronouns *môj, tvoj, jeho, jej, náš, váš, ich* refer to somebody else:

Mám tvoju knihu. Máš moju knihu.
Mám jeho knihu. Máš jeho knihu.
Mám jej knihu. Máš jej knihu.
Mám našu knihu. Má moju knihu.
Mám vašu knihu. Má tvoju knihu.
Mám ich knihu. Má ich knihu.
 Máme vašu knihu.

3. Adverbs are for the most part derived from adjectives. Adjectives become adverbs by adding -e or -o to their stems. Adjectives ending in -cký, -ský become adverbs by shorting the ý to y:

krátky	→ krátko	hlavný	→ hlavne
vysoký	→ vysoko	krásny	→ krásne
dôležitý	→ dôležito	medzinárodný	→ medzinárodne
drahý	→ draho	obyčajný	→ obyčajne
dlhý	→ dlho	pekný	→ pekne
jednoduchý	→ jednoducho	blízky	→ blízko
nízky	→ nízko	podobný	→ podobne
nejaký	→ nejako	rozličný	→ rozlične
široký	→ široko	šťastný	→ šťastne
ďaleký	→ ďaleko	spoločný	→ spoločne
bohatý	→ bohato	zlý	→ zle
	politický	→ politicky	
	vedecký	→ vedecky	
	obrovský	→ obrovsky	
	slovenský	→ slovensky	
	hospodársky	→ hospodársky	

4. There is a large class of masculine nouns with *-ia* or *-ovia* endings in nominative plural:

priateľ → priatelia
učiteľ → učitelia
brat → bratia
syn → synovia
otec → otcovia
predseda → predsedovia

Exercises

1. *Give negative answers:*

Kto je v škole? Čo čítate? Kde kupujete papier? Máte nejaké peniaze? Kto z vás potrebuje drobné peniaze? Čo máš v ruke? Kedy (when) skončíš tú prácu? Kedy sa sem ešte vrátiš? Máš nejaký obrázok? Vidíš ho niekedy? Čakal ťa niekto? Pôjdete v nedeľu niekde? Kúpil si mu niečo? Spievaš si niekedy? Vieš o nej niečo? Bolo tam niečo pekné? Spomínaš si niekedy na ten večer? Môžeš mi niečo povedať?

2. *Supply possessive pronouns:*

To je tvoja izba. Brat je v — izbe. My sme v — izbe, ale ty nie si v — izbe.

Sestra má moju knihu. Sestra číta — knihu. Ty nečítaš — knihu. Ja nemôžem teraz čítať — knihu.

Pán Bielik má syna. On má rád — syna. My nemáme radi — syna. Vy máte radi — syna. Pán Bielik rozpráva o — synovi.

Bratislava je naše hlavné mesto. Každý Slovák rád chodí do — hlavného mesta. Vy ste prišli včera do — hlavného mesta.

Zajtra si tiež kúpim noviny. Aj zajtra ti dám čítať — noviny. Ja prečítam — noviny možno až večer. Celá rodina bude čítať — noviny.

Máte veľmi dobré metódy práce. Nechcete nám povedať niečo o — metódach práce? My vlastne ešte nepoznáme — metódy práce, ale vy dobre poznáte metódy — práce.

Pri dome mám záhradu. Rád chodím do — záhrady. Vieš, kde

je — záhrada? Nechcete prísť do — záhrady? Prečo nikdy nechceš ísť do — záhrady?

Dali sme si bohatý plán. Do jesene musíme splniť — plán. Viete vy, aký je — plán? Vy máte tiež — plán?

3. *Supply the adverbs:*

Ráno nevstávam —. Každý to vie, že spievaš —. Domov som prišiel —. Do úradu chodievame —. Moji priatelia ma — čakajú na stanici. Večer bývam — hore. Nemôžem — písať, lebo sedím veľmi —. Robíš to — ako ja. Začínal som — a — som aj skončil, teraz som preto nešťastný. Ešte — si budeme na nich spomínať. Treba hovoriť — a —. Čakáme — na tvojho učiteľa.

4. *Fill in the gaps:*

Na všetkých — učiteľ- si dobre spomínam. A akí boli tvoji učitel- ? Mal si tiež rád — učiteľov? Tvoji brat- neradi chodievajú do záhrady. Naši priatel- nikdy nič zlé na nás nepovedia. Dvaja syn- nášho známeho pracujú ako riaditeľ- škôl v naš- meste. Učitel- prišli do nášho hlavn- mesta na medzinárodn- kongres. Máme z toho obrovsk- radosť. Moje dcér- i syn-, teda všetky deti, sú už na vysok- škole. Už majú svoj- vlastn- záujmy. Chodíš rád do spoločnost-? Kongres má pre mňa veľk- význam zo spoločensk- i vedeck- stránk-. Keď chcem bra- písať, vždy mi do toho niečo príde.

5. *Form questions, using the expressions* aký, ako, kto, kde, čo, kedy.

Pán Strong prišiel do nášho mesta už včera. (kto..., kde..., kedy...) Medzinárodný kongres sa koná v týchto dňoch. (čo..., aký..., kedy...) Moji synovia sa majú dobre. (kto..., ako...) Sestra dnes nepočula tvoj hlas. (kto..., čo..., kedy...) Dnes vás prídu pozrieť priatelia. (kedy..., kto...) Treba vždy hovoriť krátko a jednoducho. (kedy..., ako...) Niečo jej do toho prišlo. (čo...) Každý človek má nejaké problémy. (kto..., čo..., aké...) Synovia sa učia dobre. (kto..., čo...) Máme vysoké číslo. (čo..., aké...) Aj vy tu budete celý týždeň. (kto..., kde..., kedy)

6. *Translate into Slovak and then vice versa:*

The boy did nothing today. My child never wants to get up early in the morning. Now we haven't any problems. Sometimes someone calls me at home. We were for a few hours in our meadow. None of us has fulfilled the plan yet. I think that it is necessary to buy also some other kinds. Nobody know anything about your last letter. This congress has tremendous significance for you as well as for me. Excuse me for coming late sometimes. Tomorrow I'll come to work a little late. I've already been waiting a long time for my friend. I don't know how long. I'll still wait. So far our relations are good.	Chlapec dnes nič nerobil. Moje dieťa nikdy nechce ráno skoro vstávať. Teraz nemáme nijaké problémy. Niekedy mi niekto volá domov. Boli sme niekoľko hodín na svojej lúke. U nás ešte nikto plán nesplnil. Myslím, že treba kúpiť aj niektoré iné druhy. Nikto nič nevie o tvojom poslednom liste. Ten kongres má pre teba i pre mňa obrovský význam. Prepáčte, že niekedy chodím neskoro. Zajtra pôjdem do práce trocha neskoro. Už dávno čakám na svojho priateľa. Neviem, ako dlho ešte budem čakať. Naše vzťahy sú zatiaľ dobré.

7. *Read aloud:*

milícia, miliarda, milimeter, milión, minca, miniatúrny, minimum, minister, ministerstvo, minúta, mobilizácia, model, moderný, molekula, moment, monogram, monopol, monumentálny, Moskva, motor, múzeum, mýtus, mytológia, narkotický, nácia, naturálny, navigátor, negácia, neutrálny, nitrogén, nominácia, nominatív, norma, novela, objekt, objektívny, observatórium, ofenzíva, oficiálny, opera, operácia, oponent, oportunizmus, opozícia, optimizmus, orchester, orgán, organizácia, orient, ornament.

10.

U PRIATEĽA

Pán Horák zavolal (pozval) k sebe svojho priateľa pána Bielika. Pán Bielik k nemu veľmi rád šiel – na pohár vína. Pán Horák mu najprv ukazoval svoj dom so záhradou, izby a vôbec všetko, čo k domu patrí. Potom si sadli, zdvihli poháre, vypili na zdravie a rozprávali sa. Hovorili o všetkom, na čo si človek spomína, keď sa po dlhšom čase stretne s priateľom.

Najskôr bola reč o tom, kde a kedy sa stretli posledný raz. Potom sa rozprávali o svojich starých, starších i najstarších priateľoch, o tom, ako ten život beží, ako sa nedá zastaviť, akí sú už starí atď. Ale za pár minút sa na mladé roky zabudlo a reč prešla na dnešné dni.

B: Nemám sa najhoršie, ale vy sa asi máte lepšie než ja. Všimol som si, že máte všetko, čo dnešný človek potrebuje ku šťastiu. Dom, peknú ženu, zdravé deti a – keď sa tak na vás dívam – mladú tvár.

H: Vy ste hosť. Všetko ste si všimli a všetko vidíte len v tom najkrajšom svetle. Že už nemám vlasy a zuby, to nespomínate. Nemal som to v živote ľahké. Pracoval som, ako som len mohol, niekedy veľmi ťažko. Ale mal som vždy silnú a pevnú vôľu. A tak teraz už pred budúcnosťou nemám žiadny strach. Ako viete, pracujem na súde, vždy so zákonmi a paragrafmi.

B: Máte dve deti. Chlapec je starší, pravda. Ako vidím, chlapec je otcov a dievča matkino. A o čo majú záujem?

H: Dievča sa rado učí cudzie jazyky a synovi sa páčia stroje. Dievča má rado aj literatúru a zaujíma sa aj o dejiny. Ale pre čo sa rozhodnú, keď pôjdu na vysokú školu, to zatiaľ neviem. Iste sa nedajú (= to tackle) na niečo len preto, že je to ľahšie, ale preto, že je to podľa nich krajšie a zaujímavejšie.

Pokiaľ ich poznám, spravia všetko, čo bude v ich silách. A teraz niečo o vašich deťoch.

B: Ja mám jediného syna. Ten nemá sestru ani brata. Zaujíma sa o filozofiu. Uvidím, ako bude ďalej. Iste má pred sebou nejaký cieľ, ktorý chce dosiahnuť (to reach). Mám nádej, že v živote naozaj niečo dosiahne. Teraz je na dlhšej praxi s ostatnými chlapcami zo svojej triedy.

H: Hlavná vec, pán Bielik, že sme zdraví.

B: A to je predsa hlavná podmienka na dobrú prácu.

Ešte dlho do noci sedeli dvaja starí a dobrí priatelia, ktorí pri víne zabudli na svoje pekné mladé roky, lebo majú radi svoje rodiny a šťastie svojich detí.

Vocabulary

atď – etc.
bežať – to run, to fly (čas beží – time flies)
budúcnosť – future
cieľ – aim, purpose, goal
cudzí, ia, ie – strange, foreign
ďalej – further
dejiny – history
dívať sa na – to look at, to gaze
dnešný, á, é – present day
dosiahnuť – to reach
filozofia – philosophy
hosť – guest
jazyk – language, tongue, langue
jediný, á, é – only, the only one, sole
ľahký, á, é – easy, light
literatúra – literature
mladý, á, é – young
nádej – hope
na zdravie! – cheers! to your health!
než – than
noc – night
obidvaja, obaja, oba – both
páčiť sa – to like, to please
paragraf – paragraph, article (of law)

podariť sa – to succeed in
podľa – according to, in accordance with
podmienka – condition
pohár – glass, tumbler
pokiaľ – as long as, as far as
prax – practice
pre – for
predsa – yet, still, nevertheless
rozhodnúť sa – to decide
sadnúť si – to sit
seba – myself, itself, ourselves etc.
sila – power, force, strength
silný, á, é – strong
skončiť – to finish, to end
spraviť – to do, to make
strašný, á, é – awful, terrible, dreadful
stroj – machine
súd – court
svetlo – light
šťastie – luck, fortune, happiness
ťažko – hard
tvrdý, á, é – hard
zákon – act
zastaviť – to stop, to halt

pár (niekoľko) – a few, some, several
pevný, á, é – firm, strong
vlasy – hair
vôľa – will
všimnúť si – to notice, to take heel
zabudnúť – zabúdať – to forget
zaujímať sa – to be interested, to take interest, to occupy oneself with
zavolať (pozvať) – to invite
zdravie – health
zdvihnúť – to lift, to hoist
zuby – teeth
žiadny, a, e – no, no one

GRAMMAR

1. Comparison of adjectives and adverbs.

a) Some adjectives are compared or inflected to indicate a degree. There are three degrees: the positive, the comparative and the superlative. The positive is the basic and simple form of the adjective. The other two indicate a greater degree.

Most adjectives whose stem ends in a single consonant form the comparative by adding the suffix *-ší*:

slabý → slabší, starý → starší, bohatý → bohatší, milý → milší, živý → živší, mladý → mladší, plný → plnší, drahý → drahší, dlhý → dlhší...

Some adjectives form the comparative by adding *-ejší*:

dôležitý → dôležitejší, silný → silnejší, voľný → voľnejší, častý → častejší, určitý → určitejší, rýchly → rýchlejší, drobný → drobnejší.

Some adjectives ending in *-ký* form the comparative by exchanging this ending for *-ší*:

ťažký → ťažší, ľahký → ľahší, ďaleký → ďalší, hlboký → hlbší, široký → širší, blízky → bližší, vysoký → vyšší.

Irregular comparison:
dobrý → lepší
zlý → horší
malý → menší
veľký → väčší

The superlative of all adjectives is formed by prefixing *naj-* to the comparative:

slabší → najslabší, starší → najstarší, milší → najmilší, silnejší → najsilnejší, rýchlejší → najrýchlejší, dôležitejší → najdôležitejší, ťažší → najťažší, ľahší → najľahší, širší → najširší, lepší → najlepší, horší → najhorší, menší → najmenší, väčší → najväčší.

Both the comparative and the superlative are declined like *cudzí*.

b) The adverbs derived from comparable adjectives admit comparison:

slabší	→ slabšie	najslabší	→ najslabšie
milší	→ milšie	najmilší	→ najmilšie
častejší	→ častejšie	najčastejší	→ najčastejšie
rýchlejší	→ rýchlejšie	najrýchlejší	→ najrýchlejšie
ťažší	→ ťažšie	najťažší	→ najťažšie

Irregular comparison:
dobre – lepšie – najlepšie; zle – horšie – najhoršie; málo – menej – najmenej; veľa (mnoho) – viac – najviac; skoro – skôr – najskôr; veľmi – väčšmi – najväčšmi; ďaleko – ďalej – najďalej.

Comparison of word *rád*: rád – radšej – najradšej.

When comparing in Slovak we use the conjunction *ako/než*, e. g. on je vyšší ako/než ja; brat beží rýchlejšie ako/než sestra.

2. Possesive adjectives can be formed from masculine and feminine animate nouns by adding *-ov, -in:* brat → bratov, otec → otcov, učiteľ → učiteľov, matka → matkin, sestra → sestrin. They are declined like *dobrý, á, é*. In the plural the endings are adjectival except for the nominative and accusative:

		Singular			Plural
		M	F	N	M F N
N		otcov	otcova	otcovo	otcovi, otcove
A	Inan.	otcov	otcovu	otcovo	M Anim. otcových
	Anim.	otcovho			M Inan. otcove
G		otcovho	otcovej	otcovho	otcových

L	otcovom	otcovej	otcovom	otcových
I	otcovým	otcovou	otcovým	otcovými
D	otcovmu	otcovej	otcovmu	otcovým

3. Declension of the word *sa:*

N ∅
A sa, seba
G seba
L sebe
I sebou
D si, sebe

4. Conjugation of the verbs of the fifth class *(chudnúť):*

A. Present Tense

	Singular	Plural
1st	chud-ne-m	chud-ne-me
2nd	chud-ne-š	chud-ne-te
3rd	chud-ne-∅	chud-n-ú

B. Past Tense

1st	chud-o-l som	chud-li sme
2nd	chud-o-l si	chud-li ste
3rd	chud-o-l / chud-la / chud-lo	chud-li

5. Declension of the word *dievča:*

	Singular	Plural₁	Plural₂
N	dievča	dievčatá	dievčence
A	dievča	dievčatá	dievčence
G	dievčaťa	dievčat	dievčeniec
I	dievčaťom	dievčatami	dievčencami
D	dievčaťu	dievčatám	dievčencom

Note: 1, 2 The both forms are possible.

ísť (to go)
- zísť (to go down, descend) – zišiel – zíde
- prísť (to come, arrive) – prišiel – príde
- odísť (to go away, leave, depart) – odišiel – odíde
- zájsť (to go behind, set) – zašiel – zájde
- nájsť (to find) – našiel – nájde
- prejsť (to go through, across) – prešiel – prejde
- vyjsť (to come out) – vyšiel – vyjde
- ujsť (to run away, escape) – ušiel – ujde

Exercises

1. *Form comparatives and superlatives from these adjectives:*

slabý, dobrý, malý, pekné, vysoké, ľahký, nízky, strašný, široký, drahá, mladá, známy, živé, ďaleké, isté, starý, voľný, krátke, silný, častá, drobná, dôležité, jasný, malý, určitý, rýchla, nízke, blízky, nový, čistý, zlá, hlavný, jednoduchý, ťažká, šťastný, milá, zdravý, biely (ie → e), čierny (ie → e), tvrdý.

2. *Form comparatives and superlatives from these words:*

skoro, veľa, dobre, ďaleko, zle, slabo, dlho, pekne, strašne, málo, veľmi, vysoko, draho, široko, silno, nízko, mlado, živo, isto, staro, voľne, krátko, čisto, hlavne, jednoducho, pomaly, blízko, nízko, rýchlo, ťažko, jasno, dôležito, šťastne, milo, zdravo, tvrdo.

3. *Give the correct form of the words in brackets:*

Mám rád svoju sestru, ale svojho brata ešte (rád). A teba mám zo všetkých (rád). Môj priateľ píše pekne, ale jeho otec ešte (pekne). Kúpil som si (veľa) kníh ako ty. Matka hovorí z nás všetkých (jednoducho). Vaše mesto poznám dobre, ale svoje poznám (dobre). Ja som sa vrátil (skoro) než ty, lebo ty si išiel trocha (pomaly) ako ja. Kto z nich je v úrade (vysoký)? Kúpil som si pekný kabát, ale bol (drahý) než ten (starý). Píšem stále (zle) a (zle), už sa to ani čítať nedá. A ty píšeš stále (dobre) a (dobre). Ty píšeš z nás (dobre). O koľko rokov si (stará) od svojho brata? A kto z vás je (vysoký) – ty alebo tvoj brat? Moja cesta do školy vlakom je (drahá) než tvoja, lebo bývam (ďaleko) než ty. Ja bývam (vysoko) než ty, a preto mám (dobrý) výhľad na celé mesto. Na jar budú dni (dlhé), než boli v zime. Ale (dlhé) bývajú v lete. (Krátke) dni sú v zime.

4. *Form possessive adjectives from these nouns:*

chlapec, matka, otec, pán, predseda, priateľ, robotník, syn, učiteľ, žena, hosť, brat, sestra.

5. *Conjugate in present and in past tense:*

sadnúť, bežať, zabudnúť, páčiť sa, všimnúť si, nezaujímať sa, rozhodnúť sa, zastaviť sa, zdvihnúť.

6. *Put the words in brackets into the correct form:*

On má rád len (sa). Nezaujíma sa o nič, len o (sa). Nezavolal ma k (sa). Nechceš si (sadnúť) ku mne? Ja som sa už (rozhodnúť) dávno. (Všimnúť) som si ju ešte v škole. Všetko, čo sa teraz učím, možno do zajtra (zabudnúť). Nikdy v živote si sa (nezaujímať) o stroje. Zajtra sa u teba obidvaja (zastaviť). Naši (hosť) si nechceli u nás ani (sadnúť). Obidvaja (brat) chodia do tej istej triedy. Jeden z nich, ten (starý), má chodiť do (vysokej) triedy. Páči sa mi Eva, ale Jana ešte (veľa), lebo je (milá), (pekná) a (dobrá) než Eva. Neviem sa (rozhodnúť).

7. *Translate into Slovak and then vice versa:*

My father invited his eldest brother to our house. They sat down at the table and talked all the evening. The guest went off home late in the night. Machines help modern man in his work. This glass belongs to them. Have you noticed him? He likes to talk about himself most of all. Young people must	Môj otec zavolal k sebe svojho najstaršieho brata. Sadli si za stôl a rozprávali sa celý večer. Hosť odišiel domov neskoro v noci. Dnešnému človeku pomáhajú v práci stroje. Ten pohár patrí im. Všimol si si ho? Najradšej hovorí o sebe. Mladí ľudia sa musia učiť cudzie jazyky. Svetlo v tejto

learn foreign languages. The light in this classroom is stronger than in that one which is lower. Today we have good working conditions. The sister is interested in philosophy while her brother likes machines most of all. Both have atractive goals before them. I hope that tomorrow will be a nicer day than today. Would you like some of our wine? I think that it is better and stronger than yours, but it is also more expensive. Little things get lost more easily then bigger ones.

triede je silnejšie než v tej, ktorá je nižšie. Dnes máme dobré podmienky na prácu. Sestra sa zaujíma o filozofiu a brat má najradšej stroje. Obidvaja majú pred sebou krásny cieľ. Mám nádej, že zajtra bude krajší deň, než bol dnešný. Máš chuť na naše víno? Myslím, že je lepšie a silnejšie než vaše, ale je aj drahšie. Drobné veci sa ľahšie stratia než väčšie.

8. Read aloud:

ortografia, Oxford, pacifista, palác, Palestína, parabola, paráda, paralelný, parazit, pardón, Paríž, park, parlament, pasívny, patetický, pátos, patriot, pauza, pedagogika, penále, perfektný, permanentný, perzekúcia, Perzia, perspektíva, farmácia, filologický, fonetický, fotografia, fyzik, fyziológia, piano, plastický, platforma, plebiscit, plurál, poet, polícia, politický, populárny, porcelán, portrét, Portugalsko, pozitívny, praktický, Praha, precízny, preferovať.

11.
ČÍTANIE AKO POTREBA

Dobrá kniha, dobrý autor má pre dnešného človeka veľký význam. Noviny a knihy sa stali naším najbližším druhom a priateľom. Z novín sa každý deň dozvedáme rozličné dôležité fakty, čítame v nich o tom, čo sa robí doma i vo svete. Sú nám oknom i dverami do sveta. V nich sa dočítame nielen o jednotlivých faktoch, ale súčasne aj o ich súvislostiach. Ony nás učia správne chápať zmeny, pohyb a vývin spoločnosti. Knihy zasa odpovedajú na množstvo takých otázok, ktoré často človek položí sám sebe. Keby dnes ľudia viacej čítali, iste by bolo menej strašných vojen, bol by na celom svete pokoj a mier. Keby ľudia viacej čítali, viacej by si rozumeli, skôr by sa dorozumeli a skôr by jeden druhého pochopili.

Pravda, treba vedieť, do čoho sa kedy pustiť, čo a kedy sa má čítať, ktorý spisovateľ, ktorý román, ktoré vedecké dielo. Jednému sa páčia knihy o rastlinách, o zvieratách, iný radšej číta o kameňoch, o mori, o hviezdach, o osudoch kráľov a rozličných hrdinov, ktorí žijú, tvoria a bojujú blízko alebo veľmi ďaleko od nás.

Nie je také dôležité, v ktorom jazyku, v ktorej reči je dielo napísané, ani to, pre aké postavy sa autor rozhodol, ale dôležitý je obsah diela, chápanie a riešenie situácií, ktoré sa v ňom ukazujú. Dôležité je, ako kniha pôsobí na dušu človeka, na city, na vnútro, na jeho vnútorný život. Kniha je v podstate priateľ, ktorý nič nevraví, ktorý mlčí a čaká, kým ju človek neotvorí. Ale jej hlas, jej výraz sa stáva a stane veľmi silným, keď zistí, že jej veríme, že ju počúvame, počujeme a chceme pochopiť. Šťastná každá osoba, ktorá hľadá šťastie v knihách. Šťastný je ten, kto rád číta.

Vocabulary

ani – not even, either
ani… ani – neither… nor
autor – author
bojovať i – to fight, to struggle
ďalší, ia, ie – next, further, following
dať p, **dávať** i – to give, to put
dielo – work, masterpiece
(do)rozumieť (sa) p – to make oneself understood, to understand
dozvedať sa i, **dozvedieť sa** p – to find out, to learn
druhý, á, é – second, the other, the latter
duša – soul
dvere – door
fakt – fact
hrdina – hero
hviezda – star
jednotliví, é – single, individual
kameň – stone, rock
keby – if, when
keby nie – if not, unless
kedy – when
kráľ – king
kým – as long as, while
ľud – people
mier – peace
mlčať i – to be silent
more – sea
nielen – ale aj – not only – but also
obsah – content, capacity
odpovedať i – to answer
okno – window
osoba – person
ostať p, **ostávať** i – to stay, to remain
otvoriť p, **otvárať** i – to open

podstata – essence
pohyb – motion, movement
pochopiť p – to understand, to comprehend, to grasp
pokoj – peace, quiet
položiť p – to put, to lay
postava – figure, stature, character
potreba – need, necessity
poznanie – knowledge
pôsobiť i – to affect, to work, to operate
pravda – truth
prestať p – to stop, to cease
pustiť sa p – to take up
rastlina – plant
riešenie – solution
riešiť i – to solve
román – novel
sám – alone, myself, yourself
situácia – situation
stať sa p – to become
stávať sa i – to grow
súčasne – at the same time
súvislosť – connection, coherence, context
vnútorný, á, é – internal, inner
vnútro – interior, inside
vojna – war
vravieť i – to talk, to speak
výraz – expression
vývin – development, evolution
zasa – again
zistiť p, **zisťovať** i – to find out, to ascertain
zmena – change, alteration
zviera – animal
žiť i – to live

GRAMMAR

1. Conditional:

The present conditional is formed from the past tense and the auxiliary *by*:

čítal som + by → čítal by som
 čítal by si
 čítal by
 čítali by sme
 čítali by ste
 čítali by

Subordinate clause – conditional clause:
Keby viacej čítali, viacej by rozumeli.
If they read more they would understand more.
Keby si viac čítal, viac by si rozumel.
If you read more, you'll understand more.

2. Verbal noun:

The verbal noun, which is always neuter, is formed by adding *-nie* or *-tie* to the word stem: čítanie, písanie, poznanie, dorozumievanie, žitie, pitie, vracanie, vstávanie, volanie, sedenie.

3. Verbs of the second class (*rozumieť* – to understand):

A. Present Tense

	Singular	Plural
1st	rozum-ie-m	rozum-ie-me
2nd	rozum-ie-š	rozum-ie-te
3rd	rozum-ie	rozum-e-jú

B. Past Tense

1st rozum-e-l som   rozum-e-li sme
2nd rozum-e-l si   rozum-e-li ste
3rd rozum-e-l
    rozum-e-la   rozum-e-li
    rozum-e-lo

4. Conjugation of verb *stať (sa), dostať, prestať*

Singular	Plural
1st dosta-ne-m	dosta-ne-me
2nd dosta-ne-š	dosta-ne-te
3rd dosta-ne-∅	dosta-nú
1st dosta-l som	dosta-li sme
2nd dosta-l si	dosta-li ste
3rd dosta-l dosta-la dosta-lo	dosta-li

5. *Note:* Brat je učiteľ. Brat sa stal učiteľom (limit).
   Hlas je silný. Hlas sa stane silným (limit).

Exercises

1. *Form conditional sentences:*

Nemám knihu, nebudem čítať. (= Keby som mal knihu, čítal by som.)
Nečítaš, nič nevieš. Ľudia nečítajú, nerozumejú si. Nemám čas, nejdem do mesta. Nemám rád autora tej knihy, nekúpim ju. Knihu neotvoríš, nestane sa ti priateľom. Nehľadáš šťastie v knihách, si nešťastný. Otec nie je zdravý, musí celý deň ležať. Nemám od neho list, nemám na čo odpovedať. Málo sa učíš, všetko zabúdaš. Nepočuje, že ho voláš, isto nepríde. Neviem o ničom, nemôžem riešiť situáciu. Nepoznám ho dobre, nebudem o ňom hovoriť. Neodpovedajú mi, strácam o nich záujem. Nič odo mňa nepotrebuje, mám od neho pokoj. Nepíšeš presne, nemám dobrú predstavu o tom, čo žiadaš. Nemám ani trocha času, nepôjdem sa prechádzať.

2. *Form verbal nouns:*

bývať, čakať, čítať, mlčať, žiť, učiť, volať, vracať, ukazovať, žiadať, začínať, vstávať, piť, stretnúť, spievať, pokračovať, počuť, pozerať, dávať, chytať, hľadať, chodiť, cítiť.

3. *Give the correct forms of the verbs in brackets:*

Ja tomu autorovi dobre (nerozumieť). Keby (rozumieť), čítal by som jeho diela. Vy dosť dobre (nerozumieť), aké zmeny v našej spoločnosti (stať sa) za posledné roky. Ľudia, ktorí sa nikdy (nestretnúť), (nerozumieť si). Malé deti najlepšie (rozumieť) knihám o (kvety, zvieratá, kamene, hviezdy, králi). Zistil som, že ty tomuto (vedecké dielo) dobre (nerozumieť). Mnoho (naši hrdinovia) bojovalo v poslednej vojne.

4. *Replace the words in brackets by the correct forms:*

Teším sa na naše ďalšie (stretnúť). Mám radosť z toho, že ten román bude mať (pokračovať). Nebolo šťastné takéto (riešiť) veci. Na prvé (počuť) sa mi tá hra v podstate páčila. Asi budeme čakať až do (skončiť) tohoto nešťastného (stretnúť). Vo vlaku sme rozprávali o tom, aké máme (bývať). Po (prečítať) tej správy nastalo dlhé (mlčať). Počuli sme strašné (volať). (Vypracovať) úlohy mi robilo veľké starosti. Ďakujem vám za vaše (pochopiť) a (porozumieť). (Piť) mlieka je zdravšie ako (piť) vína, hovoria starí ľudia.

5. *Supply the correct forms of the words in brackets:*

Môj známy sa má stať (vedúci) predajne. Brat chce byť po (skončiť) školy (učiteľ). Malý chlapec po (prečítať) knihy prišiel za mnou a povedal mi, že chce byť (kráľ). Keby si sama chcela, mohla by si byť (dobrá žena). Nechcela by som byť (tvoja sestra).

6. *Translate into Slovak and then vice versa:*

If people read more, they would communicate better and would understand one another better. A book is a friend which keeps silent and waits until man opens it. If father were well he could go to work. If you studied more you would know more. If I had some	Keby ľudia viacej čítali, lepšie by sa dorozumeli a lepšie by jeden druhého pochopili. Kniha je priateľ, ktorý mlčí a čaká, kým ju človek otvorí. Keby otec bol zdravý, mohol by ísť do práce. Keby si sa viacej učil, viacej by si vedel. Keby som mal trocha času, išiel by

time I would go to the garden. I am looking forward to the next instalment. I thank you for your understanding. I heard a loud shout. Already today I am looking forward to fulfilling our plan. The chairman decided that we were going to buy only scientific books. I like your room more than his. If you spoke more simply we would probably understand you better. That girl writes more nicely than her brother. He never goes anywhere and therefore never knows anything. If you went with me I'd buy you nice flowers. I must go to the teacher with this letter of mine.

som do záhrady. Teším sa na ďalšie pokračovanie. Ďakujem vám za porozumenie. Počul som silné volanie. Už dnes sa teším na splnenie nášho plánu. Predseda rozhodol, že budeme kupovať len vedecké knihy. Mne sa viacej páči tvoja izba než jeho. Keby si hovoril jednoduchšie, asi by sme ti lepšie rozumeli. To dievča píše krajšie než jeho brat. Nikdy nikde nechodí a potom nikdy nič nevie. Keby si šla so mnou, kúpil by som ti pekné kvety. S týmto mojím listom musím ísť k učiteľovi.

7. *Read aloud:*

prémia, prezencia, prezident, prevencia, primitívny, privátny, privilégium, procedúra, proces, produkt, profesia, profesor, profit, program, progres, projekt, prológ, propaganda, próza, prospekt, proporcia, protest, provincia, provízia, psychológia, publikácia, puding, pult, pulz, puritán, pyžama, pyramída, kvalita, kvíz, kvóta, raketa, radiátor, rácio, redukcia, register, regulárny, regulácia, relácia, relativita, relevantný, religiózny, renesancia, renovácia, reprezentant, reprodukcia.

12.

PRI VODE

Je pekné a teplé leto. Nebo je jasné, svieti slnko, vzduch je čistý, zem a pôda je už teplá, všetko začína rásť. Ako obyčajne, aj dnes sme prišli do prírody. Telo potrebuje trocha pohybu na vzduchu, na slnku i vo vode. Veľmi dobré a aj známe miesto je v doline neďaleko dediny, na pravom brehu našej rieky. Tam je dosť voľného priestoru, je tam rovina, zelená lúka, stromy, voda nie je hlboká, na dne rieky nie sú kamene ani korene. Len si treba vziať a priniesť so sebou dobrú knihu.

Radi a aj často sa sem vraciame. Často si so sebou dovedieme aj nášho psa. Rieka je síce trocha úzka, ale je v nej dosť miesta pre každého. Niekedy tam prídu aj starší ľudia. Niektorí z nich sú vo vode, iní zasa ležia na tráve a čítajú. Všetci sa zabávajú a mnohí aj spievajú.

Keď berieme so sebou deti, vtedy nechodíme na dlhší čas, iba na hodinu-dve. Vtedy musíme myslieť na to, aby sa náhodou niečo zlého nestalo, aby sa niektoré z nich nestratilo a aby boli vždy všetky vedľa nás. Keď sú s nami deti, často sa opakujú vety: Poď sem!, Nechoď tam!, Buď tu!, Nerob to!, To nesmieš tam odhodiť!, Nesmieš tam ísť!, Ostaň tu!, Nekrič toľko!, Sadni si!, Neplač!, Počúvajte!, Nechaj to!, Pozri!, Čakaj!, Daj sem!, Pripravte sa!, Nech pokračuje!, Nech mlčí!, A ďalšie podobné. A deti veru nemajú rady tento druh viet. Najradšej by namiesto toho počuli: Rob si, čo chceš a čo sa ti páči!, Choď, kam chceš!, Ber si a používaj všetko, na čo máš chuť!, Ale veľa detí je takých, že si najmä v prírode veľa dovolia. Rady samy odídu, vyjdú na strom, zídu z brehu a prejdú cez rieku tam, kde je dosť hlboká, rady zájdu do lesa, ba ujdú i do dediny. Chodia popri brehu, poza rieku, popod stromy. Ale ako ináč! Veď deti sú vždy a všade živé.

Voľnú prírodu a všetko, čo je v nej, máme všetci radi, a to v každom období roka, ale najmä na jar, v lete a niekto aj v zime.

Vocabulary

často – often, frequently
dno (rieky) – (river)bed
dolina – valley
doviesť p – to allow, to permit
hlboký, á, é – deep
ináč – otherwise, differently
koreň – root
kričať i – to cry out, to shout
ľudia – people
mnohí, é – numerous, many, several
náhoda – chance
náhodou – by chance
nebo (obloha) – sky
nechať p, nechávať i – to let, to leave
niesť i, nosiť i – to carry
obdobie – period, space of time, season
opakovať i – to repeat
padnúť, p, padať i – to fall
pes – dog
plakať i – to cry, to weep
pod(o) – under, below
používať i – to use
pôda – soil, earth
priestor – space
priniesť p – to bring
príroda – nature
rovina – plain
slnko – sun
smieť i – to be allowed, may
smrť – death
starý, starší – old, older
svietiť i – to shine, to light
telo – body
teplý, á, é – warm
tráva – grass
úzky, a, e – narrow
vedľa – next to, alongside of
veru – really, indeed
veta – sentence, statement
viesť i – to lead, to conduct
vziať p, brať i – to take
zabávať (sa) i – to play
zem – soil, earth, ground
živý, á, é – live, alive, lively

GRAMMAR

1. Conjugation verbs of the third class (*niesť* – to bring, *hynúť* – to perish, *trieť* – to rub, *brať* – to take).

A. Present Tense

	Singular	Plural
1st	nes-ie-m	nes-ie-me
2nd	nes-ie-š	nes-ie-te
3rd	nes-ie	nes-ú

(hyn-ie-m, tr-ie-m, ber-ie-m)

B. Past Tense

1st	nies-ol som	nies-li sme
2nd	nies-ol si	nies-li ste
3rd	nies-ol	
	nies-la	nies-li
	nies-lo	

(hyn-ul, tre-l, bra-l)

2. Imperative mood.

To form the imperative singular, drop the ending of the third person plural (*-ú, -ia*). If the resulting word ends in *d, l, n*, or *t*, such a letter receives the soft (palatalizing) mark. Examples: píšu – píš, volajú – volaj, chodia – choď. To form the first person imperative plural, add *-me* to the imperative singular. Examples: píš – píšme, volaj – volajme, choď – choďme. To form the second person imperative plural, add *-te* to the imperative singular. Examples: píš – píšte, volaj – volajte, choď – choďte.

Inf.	3rd pers. Pl	Imperative		
chytať	– chytajú	chytaj!	chytajme!	chytajte!
rozumieť	– rozumejú	rozumej!	rozumejme!	rozumejte!
niesť	– nesú	nes!	nesme!	neste!
chudnúť	– chudnú	(ne)chudni!	(ne)chudnime!	(ne)chudnite!
žuť	– žujú	žuj!	žujme!	žujte!
robiť	– robia	rob!	robme!	robte!
byť	– budú (fut.)	buď!	buďme!	buďte!

3rd person imperative: nech chytá, nech chytajú.

3. *Note:*

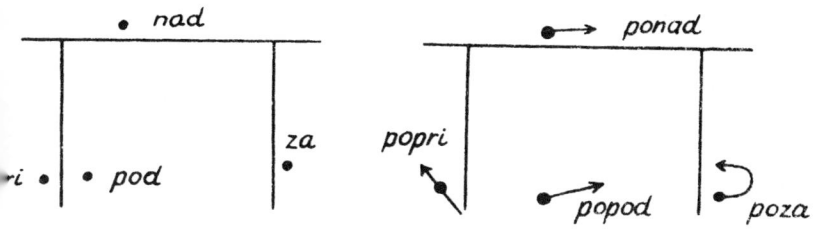

	Static:		Dynamic (movement):
je →	nad stolom (above) pod stolom (under) za stolom (behind) pri stole (at)	pohybuje sa →	ponad stôl popod stôl poza stôl popri stole

Prepositions – Review

a) Prepositions governing only the accusative case: *cez* – through, *pre* – for.

b) Prepositions governing only the locative case: *pri* – by, at, close to.

c) Prepositions governing only the instrumental case: *s, so* – with

d) Prepositions governing only dative case: *k, ku* – toward, *proti, oproti* – against, *naproti* – opposite, *napriek* – in spite of, *kvôli* – for the sake of.

e) Prepositions governing the accusative case with verbs of motion and the locative case with verbs of rest: *o* – about, of, at, *po* – for, up to, until, over, *v, vo* – in, into, *na* – on, upon, for, toward.

f) Prepositions governing the accusative case with verbs of motion and the instrumental case with verbs of rest: *medzi* – into, among, between, *nad* – over, above, beyond, *pod* – under, *pred* – before, in front of, *za* – for, behind.

g) Prepositions governing the genitive case: *podľa* – according to, beside, *od, odo* – from, since, *za* – (time) during, at, *u* – at, close, in the midst of, *bez, bezo* – without, *mimo* – aside from, outside of, *vedľa* – next to, alongside of, *okolo* – around, about, *do* – into, until, *z, zo* – out of, down from.

4. Subordinate clauses expressing a desire, entreaty, request, fear, command, are introduced by *aby,* used with the past participle:

Prišiel som, aby som vám niečo povedal. (I have come to tell you something.)

Chcem, aby ste prišli k nám. Učil sa, aby to vedel.

5. Verb *vziať*:

A. Present Tense

	Singular	Plural	Imperative
1st	vezm-e-m	vezm-e-me	vezmi! vezmime!
2nd	vezm-e-š	vezm-e-te	vezmite!
3rd	vezm-e	vezm-ú	nech vezmú!

B. Past Tense

1st	vzal som	vzali sme
2nd	vzal si	vzali ste
3rd	vzal vzala vzalo	vzali

Exercises

1. *Conjugate in present, past and future tense:*

vziať, brať, vybrať, nabrať, niesť, odniesť, viesť, doviesť, ležať, smiať (smejem) sa, pozrieť, hynúť (to perish), trieť (to wipe), chcieť, vychádzať, robiť, pracovať, spomínať.

2. *Form the imperative:*

ukazovať, nebyť, čakať, žiadať, neveriť, urobiť, spomínať, vypracovať, skončiť (skončí), pamätať, vrátiť (vráť!), pripraviť.

3. *Conjugate in present, past and future tense:*

odísť, vyjsť, ujsť, neprísť, nenájsť, rozísť sa.

4. *Form purpose sentences:*

Čítame noviny, (vedieť) všetko. Vezmem si k vode knihu, (mať) tam čo robiť. Zabudni na to, (môcť pracovať). Zavolal som priateľa, (prísť) ku mne dnes večer. Choď do lesa, (byť) na zdravom vzduchu. Povedal mi včera ráno, (čakať) na stanici. Zastavíme sa u vás, (môcť) nám ukazovať váš nový dom. Vstanem skoro ráno, (pomôcť) matke. Musíme už skončiť, (nestrácať) čas. Urob si všetko dnes, (nemusieť) zajtra. Sadnite si bližšie, (počuť) lepšie.

5. *Fill in correct prepositions:*

Pes prešiel — stôl a potom si sadol — stôl. Teraz leží — stolom. Mlieko je — stole. Kameň našiel, keď šiel — rieke. Možno, že ho našiel niekde na brehu. Práve prešiel — mňa a niesol pohár. Vracajte sa — mesto, nie cez mesto. Keď budete — mestom, zastavte sa — našej záhrade. — našu záhradu sa dostanete na stanicu. Nesmiete prechádzať — túto budovu. — tieto staré domy mám veľmi pekný výhľad — celé mesto. Hlasy sa stratili niekde ďaleko — riekou. Zviera bežalo — plote, zašlo — záhradu a potom — tých nových budovách pomaly odchádzalo znova — lesa. — obrazom, ktorý je — otcovom stole, vidím pohár. Za našou školou je dvor, ale — ňu vedie široká cesta. Keby bol dvor — školou, možno, že by cesta viedla — ňu.

6. *Give the correct forms (imperative):*

(Hovoriť) jasne! (Chodiť) po pravej strane! (Odpovedať) na moje otázky! (Počúvať) svojho učiteľa! (Opakovať) ešte raz to, čo si povedal! (Nechodiť) cez túto záhradu! (Pokračovať) v čítaní! (Mlčať), keď vás nikto nepočúva! (Písať) všetko, čo počujete! (Neotvárať) triedu! (Vstávať) ráno skoro! (Zapamätať si), čo ste sa v škole naučili! (Netešiť sa) z vecí, ktoré sa stali iba náhodou! (Sadnúť si) a (čítať)! (Spievať), keď máte veľký žiaľ! (Nehrať sa) na hlavnej ulici! Na tomto mieste (zastaviť) auto! (Rozhodnúť sa), kým nie je neskoro! (Pomôcť) tomu, kto ťa potrebuje! (Dať) mi teraz pokoj, lebo nemôžem strácať čas!

7. Translate into Slovak and then vice versa:

It's a nice warm day. The sky is clear, the air is clean and the earth is warm. Let's go into the open-air, because body needs sun, air and water. Let's stay on the right bank. Take a good book with you. Don't sit on the ground, rather sit on this stone here. A car arrived, then went away and disappeared beyond the town. I went through the whole village, but I didn't find him. Read this book through, so that you know its content well. Go quickly so that you arrive by the evening. Do all that today, so that you won't have to do it tomorrow. If I could I would bring something for you also. Don't walk by alongside that fence. Tell your acquaintance to reply to my last letter. Don't do things only by chance and without any plan.

Je pekný a teplý deň. Nebo je jasné, vzduch je čistý, zem je teplá. Poďme do prírody, lebo telo potrebuje slnko, vzduch a vodu. Ostaňme na pravom brehu. Vezmite si so sebou dobrú knihu. Nesadajte si na zem, radšej si sadnite na tento kameň. Auto prišlo, odišlo a zašlo za mesto. Prešiel som celú dedinu, ale som ho nenašiel. Prečítaj tú knihu, aby si dobre poznal obsah. Choď rýchlo, aby si do večera prišiel. Urob to všetko dnes, aby si nemusel zajtra. Keby som mohol, doniesol by som niečo aj tebe. Neprechádzajte sa popri tomto plote. Povedzte známemu, aby mi odpovedal na posledný list. Nerob veci iba náhodou a bez plánu.

8. Read aloud:

republika, reputácia, rezervácia, rezerva, rezonancia, rešpekt, reštrikcia, retardácia, revízia, revolúcia, rytmus, rotácia, Rumunsko, ruiny, rum, ruptúra, ruský, sanatórium, sankcia, sendvič, satira, satisfakcia, škandál, scéna, schéma, Škót, Škótsko, sezóna, sekundárny, sekretariát, sekcia, selekcia, senát, senior, sentencia, sentimentálny, separácia, servis, sex, šortky, signál, signatúra, silencium, simplicita, simultánny, singulár, situácia, skeč, slang, Slovák.

13.

HRA NA ČÍSLA

Stretli sa dvaja muži – jeden z nich hovoril po slovensky a druhý sa vyjadroval po anglicky. Chceli urobiť pokus, ktorý z nich vie viacej o Slovensku. Bola z toho hra – hra na čísla. Pýtal sa jeden druhého:

S: Povedzte, ktoré je hlavné mesto Slovenskej republiky, kde leží a koľko v ňom žije ľudí?
A: Hlavné mesto je Bratislava, mesto vašich štátnych orgánov. Leží kdesi na brehu Dunaja a dnes v ňom žije viac než 400 000 ľudí. Na celom Slovensku ich je vyše 5 000 000. To je už veru pekný počet. V Bratislave, na Slovensku sa dnes veľa stavia.
S: A aká veľká je plocha Slovenskej republiky? To nemusíte povedať presne.
A: Je to asi 50 000 štvorcových kilometrov. Na toto územie prišli prví ľudia vraj kedysi pred pätnástimi storočiami.
S: Ktorá vysoká škola tu bola prvá?
A: V Bratislave Academia Istropolitana, známa už z roku 1519.
S: Vedeli by ste uviesť, ktoré sú najvyššie vrchy a najdlhšie rieky Slovenska?
A: Vrchy: Vysoké a Nízke Tatry. Rieky: Dunaj, Váh, Hron. A hneď poviem aj to, ktoré sú najväčšie mestá okrem Bratislavy: Košice, Prešov, Banská Bystrica, Žilina, Nitra, Trnava.
S: To stačí. Ktorési z nich je mestom Slovenského národného povstania. Ktoré je to?
A: Banská Bystrica.

S: Aký je stav minerálnych a termálnych vôd v našej oblasti? Koľko ich máme?
A: Spolu 1200. Niektoré z nich sú až veľmi teplé. Spomeniem aspoň tieto: Piešťany, Trenčianske Teplice, Sliač, Bardejov, Dudince, Bojnice, Ružbachy, Kováčová.
S: Koľko jaskýň je v našej vlasti?
A: Okolo 10. Najznámejšie sú: Demänovská jaskyňa a Dobšinská jaskyňa.
S: Koľko rokov má slovenský (spisovný = literary) jazyk?
A: Slovenský (spisovný) jazyk má viac než 150 rokov. Je to mladý jazyk.
S: A ktoré je hlavné mesto štátu?
A: Bratislava.
S: Viete čosi o našich peniazoch?
A: Vašou jednotkou je koruna (Sk). Jedna koruna má 100 halierov. Ale teraz mi vy povedzte, či viete, aké sú rozdiely medzi vašimi a našimi meracími jednotkami.
S: Pravdaže viem.
1 coul má 2,54 centimetra (cm);
1 foot (ft), ktorý má 12 coulov, má 30,48 cm;
1 yard (yd), ktorý má 3 footy, je dlhý 0,91 metra (m);
1 míľa (m), ktorá má 2036 yardov, je dlhá 1853 m, to je 1 kilometer (km) a 653 metrov. A ešte niečo by som si rád zistil. Viete čosi o tom, aké máme ostatné meracie jednotky u nás?
A: Viem. 1 liter (l), to je asi 0,220 nášho gallona. Liter má 100 centilitrov (cl), 100 litrov je 1 hektoliter (hl). 1 kilogram (kg), to je asi 2,205 našich poundov. Kilogram má 1000 gramov (g), 1000 kg je vaša 1 tona. Naša, teda anglická tona, má 1016 kg.
S: A nakoniec táto otázka. Viete určiť, koľko našich stupňov podľa Celsia (Centigrade) je vašich stupňov?
A: 0 °C = 32 °F
5 °C = 41 °F

10 °C = 50 °F
20 °C = 68 °F
30 °C = 86 °F
S: Bola to hra, ktorú by asi každý hral so záujmom. Ďakujem vám.

Vocabulary

anglický (anglicky) – English
celok – whole
centimeter (cm) – centimeter
Slovensko – Slovakia
slovenský, á, é – Slovak
český, á, é – Czech
halier – heller
hora (les) – forest
inak – otherwise, else
jaskyňa – cave
kilogram (kg) – kilogram (kilogramme)
liter (l) – liter
meter (m) – metre
možnosť – possibility, chance, opportunity
možnosti – facilities, possibilities
nakoniec – finally, at last
národ, ný, ná, né – nation, national
nula (0) – zero, nought
odkedy – since
okrem – besides, except
orgán – organ, authority
plocha – area, surface
počet – number
pokus – attempt, experiment
povstanie – uprising
prameň, voda: minerálne pramene (vody) – mineral springs
termálne pramene (vody) – thermal springs
pýtať sa i – to ask (a question)
rozdiel – difference
rozvoj – development
spomenúť p, spomínať i – to remember, to recall
stav – state, condition
stavať i – to build, to construct
storočie – century
stupeň – degree
štát – state
štvorcová míľa (kilometer) – square mile
Tatry: Vysoké Tatry – the High Tatras
Nízke Tatry – the Low Tatras
určiť p, určovať i – determine, appoint
uviesť p – to say
územie – territory
vlasť – country, home, native land
vraj – they say, it is said
vrch – hill, mountain
vyjadrovať (sa) i – to express
Slovenské národné povstanie (SNP) – Slovak National Uprising

GRAMMAR

1. Cardinal numerals:

1	jeden, jedna, jedno	11	jedenásť
2	dva, dve, dvaja	12	dvanásť
3	tri, traja	13	trinásť
4	štyri	14	štrnásť
5	päť	15	pätnásť
6	šesť	16	šestnásť
7	sedem	17	sedemnásť
8	osem	18	osemnásť
9	deväť	19	devätnásť
10	desať	20	dvadsať

11–19 share the ending -násť.

Cardinals *dva, tri, štyri* also have forms: *dvaja, dve, traja, štyria*. Cardinals from *päť* upwards also have the forms with the ending *-i: piati, desiati*.

20	dva		dvadsať	
30	tri	-dsať	tridsať	100 sto
40	štyri		štyridsať	200 dvesto
50	päť		päťdesiat	500 päťsto
60	šesť		šesťdesiat	1000 tisíc
70	sedem	-desiat	sedemdesiat	2000 dvetisíc
80	osem		osemdesiat	10 000 desaťtisíc
90	deväť		deväťdesiat	1 000 000 milión

1982 tisíc deväťsto osemdesiatdva
2 800 456 dva milióny osemsto tisíc štyristo päťdesiatšesť
2,54   2 celé 54 stotín
2,205   2 celé 205 tisícin

Numeral *jeden* as adjective, declined like *ten*.

Numerals from 2 to 4 are used with the nominative and the accusative plural of nouns. Numerals from 5 upwards and indefinite numerals are followed by the genitive plural of nouns, pronouns and adjectives: 5 rokov, 10 litrov, 70 000 štvorcových kilometrov.

In construction of verbs with numerals from 5 upwards the verbs are used in the singular. E. g. na stole je šesť kníh, tu žije 300 000 ľudí etc.

2. Ordinal numerals:

1. prvý, á, é (first)
2. druhý, á, é
3. tretí (!), ia, ie
4. štvrtý, á, é
5. piaty, a, e
6. šiesty, a, e
7. siedmy, a, e
8. ôsmy, a, e
9. deviaty, a, e
10. desiaty, a, e

11. jedenásty
15. pätnásty
20. dvadsiaty
30. tridsiaty
80. osemdesiaty
100. stý
1000. tisíci (!)
1 000 000. miliónty

All ordinal numerals are adjectives and declined as such: na piatej strane, o dvadsiatej prvej hodine.

3. a) Notice:
ktosi = niekto
čosi = niečo
kdesi = niekde
akosi = nejako
akýsi = nejaký
ktorýsi = niektorý

b) ktosi, kohosi, komusi, čohosi, čímsi, ktorémusi, ktorýmisi.

4. Conjugation verbs of the fourth class (*česať* – to comb *žať* – to harvest).

A. Present Tense

	Singular		Plural	
1st	češem	žnem	češeme	žneme
2nd	češeš	žneš	češete	žnete
3rd	češe	žne	češú	žnú

B. Past Tense

1st	česal som	žal som	česali sme	žali sme
2nd	česal si	žal si	česali ste	žali ste
3rd	česal	žal	česali	žali
	česala	žala		
	česalo	žalo		

Imperative: češ! česme! česte! žni! žnime! žnite!

Exercises

1. *Give the correct forms of the words in brackets:*

Neviem presne, koľko (štát) je v Európe. Jedna míľa má 1609 (meter). Jedna koruna je 100 (halier). Na Slovensku je mnoho (vrch). Slovenský jazyk má viac než 150 (rok). Jeden gallon má 4,55 (liter), jeden pound má 0,45 (kilogram). Bratislava je mesto (slovenské štátne orgány). Najznámejšie a najvyššie vrchy (Slovensko) sú Vysoké Tatry. Bratislava leží na (breh, Dunaj). Najväčšie mesto (Slovensko) po (Bratislava) sú Košice.

2. *Read:*

1, 3, 5, 7, 9, 10, 8, 6, 4, 2, 11, 14, 18, 20, 22, 26, 29, 30, 31, 33, 34 45, 57, 61, 68, 80, 100; 102 ,119, 156, 238, 421, 611, 997, 1000, 1918, 1945, 1948, 1976, 1982, 15 435, 279, 864, 51.

3. *Decline:*

prvá slovenská vysoká škola, štyridsiaty druhý, tisíc deväťsto sedemdesiaty tretí.

4. *Supply suitable prepositions:*

Jeden — vás hovorí po slovensky. Ktorý — nich vie viac — našom štáte? Koľko ľudí žije — Bratislave? A koľko — celom Slovensku? Prví ľudia prišli — toto územie kedysi — 15 storočiami. Ktorá je najdlhšia rieka — tejto oblasti? Máte dobré možnosti — hospodársky rozvoj. Koruna sa delí — haliere. Ktoré sú — nás najväčšie mestá — Bratislavy? — mnohých slovenských mestách sú už vysoké školy. Najviac vysokých škôl je — Bratislave.

5. *Conjugate in the present and past tense:*

pýtať sa, spomenúť, určiť, česať, žať, ležať, chápať, vziať.

6. *Translate into Slovak and then vice versa:*

Which of you knows the most about Slovakia? Say which is the largest Slovak town. Could you say exactly, which are the highest mountains and which are the longest rivers in this country? Which part of Slovakia has the most forests? What is the difference between a gallon and a litre? Our country has very good opportunities for economic growth. I know that we have already seen each other somewhere sometimes. People came to our country more than 15 centuries ago. Can you remember the names of some Slovak rivers?

Ktorý z vás vie najviac o Slovensku? Povedzte, ktoré je najväčšie slovenské mesto. Mohli by ste povedať presne, ktoré sú najvyššie hory a najdlhšie rieky v tejto krajine? V ktorej oblasti Slovenska je najviac lesov? Aký je rozdiel medzi galónom a litrom? Naša krajina má veľmi dobré možnosti na svoj hospodársky rozvoj. Ja viem, že sme sa už kedysi kdesi videli. Na naše územie prišli ľudia pred viac než 15 storočiami. Môžete si spomenúť na názvy niektorých slovenských riek?

7. *Read aloud:*

snob, sociológia, solidarita, Španielsko, špeciálny, špecifický, špekulácia, sféra, špirála, šport, šprint, štádium, štatistický, status, sterilizácia, stimul, stop, stres, štruktúra, študent, subjekt, substancia, subtropický, sukcesívny, Suez, superlatív, suplement, symbol, symetria, sympatický, symfónia, syndikát, synonymum, syntax, syntéza, systém, tachometer, tabletka, talent, tango, tarifa, taxa, taxík, technický, technika, technológia, telegram, telegraf.

14.

NA HORÁCH

Bola to dlhá a aj dosť ťažká cesta. Ale všetci sme sa vrátili v poriadku, s veselou mysľou, zdraví, s úsmevom na tvárach. Bola to veľká, ale pritom skutočne dobrá skupina.

Keď sme prišli k hlavnému bodu našej cesty, na najvyšší bod Nízkych Tatier, všade bolo úplne ticho, bez vetra. Nedá sa vysloviť, aké pocity sme mali pri pohľade z takej výšky dolu, do dolín. Nikto z nás vtedy ústa neotvoril, nikto slova nepovedal. Všade sme videli všetky farby mája – od zlatej, cez červenú ako krv, zelenú, ba i čiernu, bielu a opäť k zlatej. Až sa zdalo, akoby sa svetlo priam strácalo. Kráčali sme pomaly po chrbtoch hôr, potom sme sa zastavili a na chvíľu bez pohnutia hľadeli každý zrejme iným smerom, aby sme takto mali vedomie, že všetko je naše, že všetko si vezmeme a odvezieme so sebou vo svojich autách. Ľudské srdce v prírode žije akoby na krídlach neznámej lásky, v prúde prirodzenej prírodnej sily, ktorá človeku bráni, aby v duchu so svojimi myšlienkami zaletel k svojim problémom.

Večer sme sedeli pri ohni. Dievčatá spievali, chlapci kládli drevo na oheň. Ďaleko v lese bola mŕtva tma. Ale naše prejavy (= výrazy) radosti bolo počuť azda až do najhlbších slovenských dolín.

Nezabudneme a skutočne dlho budeme spomínať na toto naše milé stretnutie s prírodou, na naše hory.

Vocabulary

akoby – as if, as though
azda – perhaps, maybe, possible
brániť i – to defend
čierny, a, e – black

dosť – enough, quite
duch – spirit, ghost
hľadieť i – to look (at), to stare
chlap – man, fellow

klásť i – to put, to lay
kráčať i – to walk, to march
krídlo – wing
krv – blood
láska – love
letieť i – lietať i – to fly
ľudský, á, é – human
máj – May
mŕtvy, a, e – dead
myseľ – mind
myšlienka – idea, thought
oheň – fire
opäť, zasa – again
pocit – feeling, sensation
pohnúť p – to move, to stir
pomaly – slowly
prejav – display, speech, expression
priam – almost, as if, outright
prirodzený, á, é – natural
pritom – at the same time
prúd – flow, stream, current, jet

skupina – group
skutočne – really, indeed
skutočnosť – reality, fact
skutočný, á, é – real, actual
smer – direction, course
stáť i – to stand
takto – so, like, this, in this way
ticho – silence
tma – darkness, dark
úplne – fully, completely
úsmev – smile
ústa – mouth
vedomie – consciousness
vietor – wind
všade – everywhere, throughout
všetok, všetka, všetko – all, everything
vysloviť p, vyslovovať i – to pronounce
výška – height
zastať – to stop, to halt
zdať sa i – to seem, to appear
zlatý, á, é – gold, golden

GRAMMAR

1. Word order:

Many Slovak sentences have the same word order as their English equivalents: Where is mother? = *Kde je matka?* Come with us to London. = *Poď s nami do Londýna.* Eve writes on the blackboard more quickly than John. = *Eva píše na tabuľu rýchlejšie ako Ján.*

Slovak word order, however, is rather more flexible. Those words which are most important in the sentence are placed at the end of the sentence:

Kde je matka?   Poď s nami do Londýna.
Matka je kde?   Poď do Londýna s nami.
Včera som písal bratovi list. – Včera som písal list bratovi.
– Bratovi som písal list včera.

Intonation may compensate for word order:

Poď do Londýna s nami.
Kde je matka?
Včera som bratovi písal list.

2. Prefixes and suffixes:

Some new words can be derived by adding various prefixes or suffixes:

a)

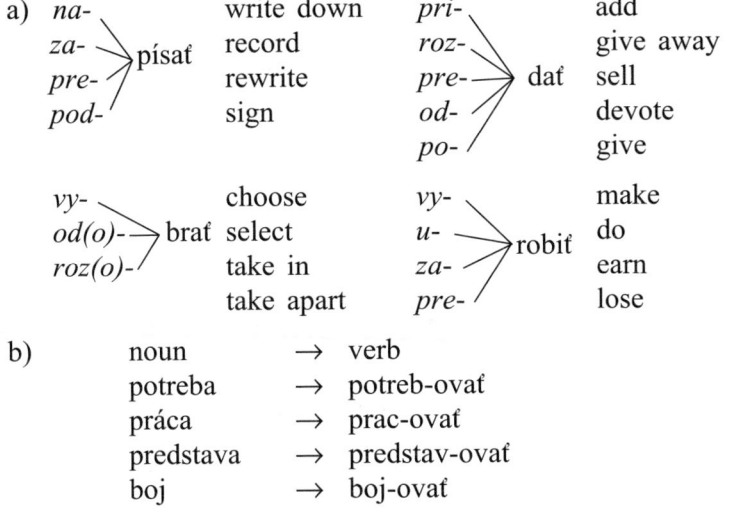

na-		write down
za-	písať	record
pre-		rewrite
pod-		sign

pri-		add
roz-		give away
pre-	dať	sell
od-		devote
po-		give

vy-		choose
od(o)-	brať	select
roz(o)-		take in
		take apart

vy-		make
u-	robiť	do
za-		earn
pre-		lose

b) noun → verb
    potreba → potreb-ovať
    práca → prac-ovať
    predstava → predstav-ovať
    boj → boj-ovať

analýza → analyzovať, atak → atakovať, cement → cementovať, komentár → komentovať, koncert → koncertovať, konzerva → konzervovať, kontrast → kontrastovať;

korešpondovať, kritizovať, kultivovať, debatovať, dekorovať, diktovať, diskutovať, dokumentovať, emigrovať, experimentovať, exportovať, filtrovať, financovať, formovať, hazardovať, ilustrovať, importovať, informovať, magnetovať, manifestovať, maskovať, mechanizovať, mikroskopovať, modelovať, negovať, normovať, operovať; ďakovať, ukázať, opakovať, pokračovať.

c) Various suffixes are used to form diminutives of nouns:

-ok: obraz → obrázok   -ička: tvár → tvárička

-ok list → lístok
-ček: dom → domček
-ík: oheň → ohník
-ko: drevo → drievko

-ka: hviezda → hviezdička
záhrada → záhradka
strana → stránka

d) Suffixes á) indicating feminine gender: *-ka, -ová:* učiteľka, priateľka, Bieliková, Evansová, Horáková,

e) indicating the agent or the doer: *-teľ, -č, -ník:* učiteľ, spisovateľ, hráč, nosič, robotník,

f) indicating origin: *-an, -čan:* krajan, Angličan, Bratislavčan,

g) denoting material: *-ný, -ený, -ový...* mliečny, drevený, chlebový, papierový.

Suffix indicating emphasis: *-že:*
ktože, čože, akože, ktorýže, prečože, kdeže, kedyže, kohože, komuže, čomuže, čímže, ktorémuže.

Exercises

1. *Form verbs from the following nouns:*

fotografia, profit, projekt, protest, regulácia, reprodukcia, rezerva, rešpekt, retardácia, rotácia, separácia, situácia, špekulácia, šport, šprint, štart, informácia, koncert, kontrola, experiment.

2. *Form sentences from the following words:*

Cesta – veľmi – tá – dlhá – bola. Všetci – v – vrátili – sa – sme – poriadku. Každý – mysľou – s – veselou – vrátil – sa. Na – úsmevy – tvárach – mali. Dobrá – to – skupina – bola. Tatrách – úplné – všade – v – bolo – ticho. Dobré – pri – pocity – pohľade – mali – sme – z – výšky. Pomaly – chrbtoch – kráčali – hôr – sme – po. Každý – nás – hľadel – z – chvíľu – smerom – iným. Všetko – sebou – si – odvezieme – so – autách – vo – svojich. Večer – ohni – pri – sme – sedeli. A – spievali – chlapci – dievčatá – oheň – na – kládli – drevo. Ďaleko – tma – lese – bola – v. Bolo – do – našu – počuť – radosť – dolín – ďaleko. Spomínať

— toto — na — dlho — stretnutie — prírodou — s — budeme — naše — si. Hory — na — budeme — dlho — naše — spomínať — milé.

3. *Fill in the correct prepositions:*

Všetci hovorili — Slovensku. Neviem, — ktorom meste býva tvoj brat. Čo robievaš — záhrade? Vrátili sme sa — poriadku a — úsmevmi — tvárach. Prišli sme — hlavnému bodu našej cesty, — najvyšší bod — Nízkych Tatrách. Mali sme dobré pocity — pohľade — takej výšky dolu — dolín. Chodil — jedného stromu — druhému. Kráčali sme — chrbtoch hôr. Všetko si vezmeme — sebou, všetko odvezieme našich autách. Ľudské srdce — prírode žije akoby — krídlach. — duchu zaletel — svojim starostiam. Včera sme sedeli — ohni. Chlapci kládli — oheň drevo. — lese bola tma, ale spev bolo počuť až — najhlbších dolín. Dlho budeme spomínať — toto milé stretnutie — prírodou.

4. *Choose suitable verbs:*

Svojmu bratovi som (pripísal, napísal) list. Na tento list som sa ešte (nepodpísal, neodpísal). (Rozdajte, oddajte) chlieb deťom. Môžete mi (pridať, vydať) z toho vína? Za mesiac (zarobili, rozrobili) veľa peňazí. (Zarobili, urobili) sme veľký kus práce. Večer (nevychádzajte, neprechádzajte) sami z domu. Teraz musíte (nájsť, prejsť) na druhú stranu. Prosím vás, (prineste, odneste) mi mlieko. (Otvorte, zatvorte) dvere, aby sme tu mali lepší vzduch. O chvíľu (nájdem, vyjdem) von. Tu (dostanete, prestanete) kúpiť biely chlieb.

5. *Form diminutives:*

dedina, dvor, hodina, chvíľa, dolina, les, krajina, otec, strom, rodina, slovo, syn, rastlina, rovina, voz, víno, stroj.

6. *Form feminine nouns:*

autor, hrdina, spisovateľ, priateľ, učiteľ, Bielik, Novák, Králik, Baláž, Američan.

7. *Translate into Slovak and then vice versa:*

I have written a long letter, but I haven´t signed it yet. I would like to add something else to it. Copy this number, please. If you sell me that machine, I can give you some more money. Give me that little piece of paper. I took a ticket out of the table and took it to my little sister. We will have to analyse in depth the work methods of the last period, criticise them, debate and discuss them, and again plan and design new methods for the future. We already have good ideas about how we are going to mechanize work, so that as much as possible, is done. A lot of work in agriculture must be done right now in spring, so that we don´t have much work for summer. I really feel like going to the mountains for a few weeks at least. I´ve just finished reading an interesting novel by a young Slovak writer. For a long time I´ve been looking for a book about the history of philosophy. I want to inform you about the next work of this author.

Napísal som dlhý list, ale som ho ešte nepodpísal. Chcel by som doňho ešte niečo pripísať. Odpíš si, prosím ťa, toto číslo. Ak mi ten strojček predáte, môžem vám ešte pridať nejaké peniaze. Podaj mi ten papierik. Vybral som zo stola lístok a odniesol som ho svojej malej sestre. Metódy práce za posledné obdobie budeme musieť hlboko analyzovať, kritizovať, o nich debatovať, diskutovať a do budúcnosti zasa nové metódy plánovať a projektovať. Máme už dobré predstavy o tom, ako budeme prácu mechanizovať, aby sa urobilo čo najviac. Mnohé hospodárske práce treba urobiť hneď teraz na jar, aby sme nemali mnoho roboty na leto. Mám veľkú chuť odísť aspoň na pár týždňov do hôr. Práve teraz som dočítal jeden zaujímavý román od mladého slovenského spisovateľa. Už dávno hľadám knihu o dejinách filozofie. Chcem vás informovať o ďalšom diele tohto autora.

8. *Read aloud:*

telefón, teleskopia, televízia, temperament, temperatúra, tenis, tenor, termín, terminológia, teritoriálny, teror, test, Texas, text, textil, teatrálny, teológia, teória, teoretický, termometer, Tomáš, Tibet, tiger, tip-top, titul, tabak, toaleta, tolerancia, tolerantný, tona, totálny, traktor, tradícia, tragédia, transkripcia, transformovať, tranzit, transparent, transport, trend, tribunál, triumf, trolejbus, tropický, tuberkulóza, tulipán, Tunis, turbína, Turecko.

15.
ČAS A PENIAZE

Človek, ktorý nemá určitý systém v práci, ktorý nemá správnu organizáciu svojej práce, nemôže v živote veľa dosiahnuť. Dobré výsledky možno dosiahnuť len vtedy, keď sa pracuje presne a s určitým úsilím, s jasným cieľom a predstavou o tom, ako sa k nemu dostať. Dnešná doba žiada od každého, aby držal krok s novými spôsobmi, s novými formami v práci, vo výrobe a aby sa vo svojej činnosti nebál ničoho, čo mu niekedy príde do cesty.

Lenže, čo je v dnešnej situácii, v dnešnej dobe to najhlavnejšie, to najzákladnejšie? Už viac ráz sa dokázalo, a stále sa ukazuje, že najväčšia hodnota, ktorú mal človek v minulosti a bude mať stále, je čas. Na čas má každý rovnaké právo, on pomáha a slúži každému rovnako, s časom si každý môže robiť, čo sám chce. Kto vie hospodáriť s časom, môže sa dosť skoro presvedčiť, že čas stojí nad všetkými pracovnými prostriedkami a predmetmi, nad všetkou silou a energiou, nad všetkým, čo nám pomáha v práci. Človek však nehospodári s časom len tým, ako si postaví hranice dňa – kedy ráno vstane, kedy začne pracovať, kedy prestane a ide spať. Takéto chápanie o hospodárení s časom treba pokladať za chybu, za chybné. Dôležité je predovšetkým to, čo cez deň robíme a akú časť dňa zabijeme nečinnosťou. Treba zisťovať a rozoberať príčiny zlých výsledkov, hľadať, aké sú rozdiely medzi tým, čo sa robilo dnes a čo predtým, treba hľadať korene slabých výsledkov. Hospodárenie s časom, to je hospodárenie so svojimi silami. Čas nie sú síce peniaze, ktorými by sa mohlo platiť, ale je to neuveriteľná moc, za ktorú sa napokon kupujú ďalšie hodnoty, dávajúce človeku celkom iste viac, než len – peniaze.

Vocabulary

báť sa i – to fear, to be afraid of
biť p – to hit, to beat
zabiť p – to kill, to murder
časť – part
činnosť – activity
doba – time, age, period
dokázať p – to prove, to demonstrate
dosiahnuť p, **dosahovať** i – to reach, to achieve
držať i – to keep, to hold
energia – energy, power
forma – form, shape
hodnota – value, worth
hranica – border, frontier, boundary, limit
chyba – mistake, error
krok – step (footstep), pace
lenže – but, only
minulosť – past
možný, á, é – possible
napokon – finally, in the end
platiť i – to pay, apply
pokladať i – to consider, to regard
pomáhať i – to help, to assist
postaviť sa p – to stand up, to oppose
právo – right, claim, title
predmet – object
predovšetkým – above all, first of all
predstaviť si p – to imagine
presvedčiť p – to persuade
presvedčiť sa p – to convince oneself, to ascertain
príčina – cause, reason
prostriedok – means, middle, centre, way
slabý, á, é – weak faint, infirm, feeble
služba – service, office, duty
slúžiť i – to serve
spať i, **spávať** i – to sleep
spôsob – way, method, manner
správny, a, e – right, correct
systém – system
úsilie – effort
vstať p, **vstávať** i – to stand up, to get up
však – however
výroba – production, manufacture
výsledok – result
základ – base, basis
základný, á, é – basic, elementary, fundamental

GRAMMAR

1. Koľko je hodín?

štvrť na päť   pol piatej   trištvrte na päť

Je jedna. Sú dve, tri, štyri hodiny. Je päť, šesť, sedem... hodín.

štyri aj desať minút štyri aj dvadsať minút o dvadsať minút päť

2. Adresa:
Anton Bielik
Východná ulica 2
831 06 Bratislava

3. Dátum:
6. 8. 1986 = 6. augusta 1986
12. 11. 1830 = 12. novembra 1830

4. Impersonal forms of verbs denote an action without reference to the person or the thing from which the action may arise. These verbs are used in the third person singular and plural only. E. g.:

V našom úrade sa pracuje presne.
Ukazuje sa, že naša veľká hodnota je čas.
Neviem, čo sa robilo včera, čo sa robí dnes a čo sa bude robiť zajtra.
Hovorí sa, že čas sú peniaze.
Kde sa pracuje s chuťou, tam sú dobré výsledky.
Na ulici sa niečo stalo.

5. Participles:

Present active: volajúc (calling), chytajúc, rozumejúc, nesúc, hynúc, trúc, berúc, češúc, žnúc, chudnúc, žujúc, pracujúc, robiac, vidiac, kričiac (išiel a spieval = išiel spievajúc).

Past passive: volaný, á, é (called), chytaný, nesený, (za)hynutý, (na)trený, vzatý, (u)česaný, (zo)žatý, (s)chudnutý, (zo)žutý, (vy)pracovaný, robený, videný, (vy)kričaný.

Participles are used practically in the same way as in English:

Sediac { čítal. / číta. / bude čítať.   Vidiac { nás čakal. / nás čaká. / nás bude čakať.

Plán bol / Plán je / Plán bude } splnený.   Dom bol / Dom je / Dom bude } postavený.

Exercises

1. *What is the time (express in Slovak):*

6,00, 12,00, 3,00, 9,00, 1,00, 2,00, 10,00; 4,30, 8,30, 11,30, 1,30, 7,30; 2,15, 5,15, 10,15, 6,15, 7,15, 9,15; 2,45, 8,45, 3,45, 6,45, 1,45; 1,05, 2,10, 3,20, 4,45, 5,40, 4,50, 7,55, 8,23, 9,41, 10,10, 11,05.

2. *Use the impersonal form of verbs:*

Zajtra ideme k vode. V našom úrade pracujeme od 8,30 do 16,30. Dokázali sme už naozaj všetko. Keď človek hospodári s časom, akoby hospodáril s energiou. Ráno vstávame veľmi skoro. Musíme rozoberať príčiny zlých výsledkov. Časom nemôžeme platiť.

3. *Use present active participles:*

Ležím a čítam = Ležiac čítam; Keď ležím, čítam = Ležiac čítam.

Chlapec hľadal svoju matku a plakal. Keď som ťa čakal, robil som si plány na zajtra. Keď sa to dozvedela, plakala. Držal ju za ruku a spomínal. Keď s ním hovoril, pozeral na ňu. Kráčal ulicou a mlčal. Sedeli pri víne a spomínali na minulé časy. Keď som sa vracal domov, kúpil som si noviny. Rozprával a pritom ukazoval rozličné obrázky. Keď som chodil do základnej školy, zaujímal som sa o všetko. Keď som znova začínal, musel som ťažko robiť. Keďže o ničom nevedel, nemohol sa vyjadriť. Dobre som ho poznala, nuž išla som mu pomôcť. Keď som vstával, pozeral som na hodiny. Riešili problémy a hovorili o chybách. Keď som prechádzal cez mesto, pozeral som so záujmom na všetky strany.

4. *Supply suitable prepositions:*

Človek musí mať istý systém — práci. Každý chce — živote veľa dosiahnuť. — dobrým výsledkom sa možno dopracovať len určitým úsilím a — jasnou predstavou — budúcnosti. Dnešná doba žiada — každého, aby držal krok — novými formami — práci, — výrobe a aby sa nebál ničoho, čo sa mu stavia — cesty. — časom si hospodári, ako sám chce. Čas stojí — všetkými pracovnými prostriedkami, — všetkou silou a energiou, — všetkým, čo nám dnes pomáha — práci. Dôležité je, čo — celý deň robíme. Treba hľadať, aké sú rozdiely — tým, čo sa urobilo včera a čo predtým. Čas má moc, — ktorú sa kupujú ďalšie hodnoty. Nedobré hospodárenie — časom sa pokladá — obrovskú chybu človeka.

5. *Supply the correct form:*

Človek (nehospodáriť) s časom len tým, ako si (postaviť) hranice dňa, kedy (vstať), kedy (začať) a kedy (prestať) pracovať. Dôležité je, čo cez deň robíme, akú časť (deň) (zabiť) nečinnosťou. Treba (hľadáme) korene (slabé) výsledkov. Hospodárenie s (čas), to je hospodárenie so (svoje sily). Čas napokon (dávať) človeku viac než (peniazmi). Dobré (výsledky) môžeme (dosahujú) len vtedy, keď (pracovať) presne a s (jasná predstava).

6. *Form perfective infinitives:*

čítať, brať, brániť, hľadať, chodiť, chytať, hovoriť, dívať sa, chápať, dovoľovať, hľadieť, držať, dosahovať, dokazovať, konať, kupovať, kričať, nechávať, meniť, myslieť, mlčať, obracať, vracať, otvárať, odhadzovať, vravieť, zisťovať, začínať, vyjadrovať sa, určovať, vyslovovať, počúvať, pozerať, predchádzať, posielať, pripravovať, používať, padať, pýtať sa, pomáhať, predstavovať, robiť, sedieť, strácať, spomínať, plniť, stretať, rozhodovať, vidieť, vstávať, vychádzať, odchádzať, prechádzať, prichádzať, tešiť, ukazovať, vidieť, meniť, veriť, zabúdať, zdvíhať, zaujímať.

7. Translate into Slovak and then vice versa:

Man must have a correct system of work and must organise his work correctly. It is necessary to work accurately and with treat effort. We must have a clear aim and conception of how to obtain this aim. The present demands of us that we keep pace with new methods in production. We must not be afraid of anything that stands in our way. The chief and most essential thing is that we should economize since time is money. It is not so important when we get up in the morning and when we go to bed in the evening, but it is important above all, what we are doing during the day. Every evening it is necessary to analyse the reasons for bad results and to find out what the differences are between what was done yesterday and what was done today.

I read lying down. Sitting down over a glass of wine we recall tha past. Holding him by the arm, she was crying. Marching along the street, we were talking about our children. Looking for her sister she

Človek musí mať správny systém v práci a musí správne svoju prácu organizovať. Treba pracovať presne a s veľkým úsilím. Musíme mať jasný cieľ a predstavu o tom, ako tento cieľ dosiahnuť. Dnešná doba žiada od nás, aby sme držali krok s novými spôsobmi vo výrobe. Nesmieme sa báť ničoho, čo sa nám postaví do cesty. Najhlavnejšie a najzákladnejšie je to, aby sme dobre hospodárili s časom, lebo čas sú peniaze. Ani nie je také dôležité, kedy ráno vstaneme a kedy večer ideme spať, ale dôležité je predovšetkým to, čo robíme cez deň. Každý večer reba rozoberať príčiny zlých výsledkov a hľadať, aké sú rozdiely medzi tým, čo sa robilo včera, a tým, čo sa robilo dnes.

Ležiac čítam. Sediac pri víne spomíname na minulosť. Držiac ho za ruku plakala. Kráčajúc ulicou rozprávali sme o svojich deťoch. Hľadajúc sestru našla dobrú priateľku. Odchádzajúc z domu plakala.

found a good friend. Going away from the house she was crying. Listening to grandfather I was silent. This house was built in 195. This law was pronounced by Pythagoras. The letter is written, it needs to be sent off. The school will be finished by 31. 12. 2008. The home work is to be written by a quarter to eight.

Počúvajúc starého otca mlčal som. Tento dom bol postavený v roku 1995. Tento zákon bol vyslovený Pytagorom. List je napísaný, treba ho poslať. Škola bude dokončená do 31. 12. 2008. Úloha má byť napísaná do štvrť na osem.

8. *Read aloud*

terpentín, tútor, typ, typický, typografický, tyran, Uganda, Ukrajina, ultimátum, UNESCO, uniforma, unikát, univerzálny, univerzita, urán, urgovať, Uruguay, uzurpovať, utenzílie, vágny, valuta, vandalizmus, varieté, vegetácia, Venezuela, vehementný, ventilácia, verbum, verdikt, verifikovať, vertikálny, verzia, veterán, veto, vibrovať, viceprezident, Viedeň, virtuóz, vízia, vizuálny, vitalita, vitamín, vulgárny, Varšava, zebra, zinok, zóna, zoológia.

PARADIGMS

NOUNS

	N	A	G	L	I	D
Sg	chlap	chlapa	chlapa	chlapovi	chlapom	chlapovi
Pl	chlapi	chlapov	chlapov	chlapoch	chlapmi	chlapom
Sg	hrdina	hrdinu	hrdinu	hrdinovi	hrdinom	hrdinovi
Pl	hrdinovia	hrdinov	hrdinov	hrdinoch	hrdinami	hrdinom
Sg	dub	dub	duba	dube	dubom	dubu
Pl	duby	duby	dubov	duboch	dubmi	dubom
Sg	stroj	stroj	stroja	stroji	strojom	stroju
Pl	stroje	stroje	strojov	strojoch	strojmi	strojom
Sg	žena	ženu	ženy	žene	ženou	žene
Pl	ženy	ženy	žien	ženách	ženami	ženám
Sg	ulica	ulicu	ulice	ulici	ulicou	ulici
Pl	ulice	ulice	ulíc	uliciach	ulicami	uliciam
Sg	dlaň	dlaň	dlane	dlani	dlaňou	dlani
Pl	dlane	dlane	dlaní	dlaniach	dlaňami	dlaniam
Sg	kosť	kosť	kosti	kosti	kosťou	kosti
Pl	kosti	kosti	kostí	kostiach	kosťami	kostiam
Sg	mesto	mesto	mesta	meste	mestom	mestu
Pl	mestá	mestá	miest	mestách	mestami	mestám
Sg	srdce	srdce	srdca	srdci	srdcom	srdcu
Pl	srdcia	srdcia	sŕdc	srdciach	srdcami	srdciam
Sg	vysvedčenie	vysvedčenie	vysvedčenia	vysvedčení	vysvedčením	vysvedčeniu
Pl	vysvedčenia	vysvedčenia	vysvedčení	vysvedčeniach	vysvedčeniami	vysvedčeniam
Sg	dievča	dievča	dievčaťa	dievčati	dievčaťom	dievčaťu
Pl a)	dievčence	dievčence	dievčeniec	dievčencoch	dievčencami	dievčencom
Pl b)	dievčatá	dievčatá	dievčat	dievčatách	dievčatami	dievčatám

ADJECTIVES

		N	A	G	L	I	D
Sg	M	pekný	pekného (A) pekný (1)	pekného	peknom	pekným	peknému
	F	pekná	peknú	peknej	peknej	peknou	peknej
	N	pekné	pekné	pekného	peknom	pekným	peknému
Pl	M (A)	pekní	pekných	pekných	pekných	peknými	pekným
	M (I) / F / N	pekné	pekné	pekných	pekných	peknými	pekným
Sg	M	cudzí	cudzieho (A) cudzí (I)	cudzieho	cudzom	cudzím	cudziemu
	F	cudzia	cudziu	cudzej	cudzej	cudzou	cudzej
	N	cudzie	cudzie	cudzieho	cudzom	cudzím	cudziemu
Pl	M (A)	cudzí	cudzích	cudzích	cudzích	cudzími	cudzím
	M (I) / F / N	cudzie	cudzie	cudzích	cudzích	cudzími	cudzím
Sg	M	otcov	otcovho (A) otcov (I)	otcovho	otcovom	otcovým	otcovmu
	F	otcova	otcovu	otcovej	otcovej	otcovou	otcovej
	N	otcovo	otcovo	otcovho	otcovom	otcovým	otcovmu
Pl	M (A)	otcovi	otcových	otcových	otcových	otcovými	otcovým
	M (I) / F / N	otcove	otcove	otcových	otcových	otcovými	otcovým

PRONOUNS

		N	A	G	L	I	D
Sg		ja	mňa, ma	mňa, ma	mne	mnou	mne, mi
		ty	teba, ťa	teba, ťa	tebe	tebou	tebe, ti
Pl		my	nás	nás	nás	nami	nám
		vy	vás	vás	vás	vami	vám
Sg	M	on	jeho (A) ho, neho -ňho, -ň	jeho neho ho, -ňho, -ň	ňom	ním	jemu nemu mu
	F	ona	ju, ňu	jej, nej	nej	ňou	jej, nej
	N	ono	ho, -ň	jeho neho ho, -ňho, -ň	ňom	ním	jemu nemu mu
Pl	M (A)	oni	ich, nich	ich, nich	nich	nimi	im, nim
	M (I) F N	ony	ich, ne	ich, nich	nich	nimi	im, nim
–	–	–	sebe, sa	seba	sebe	sebou	sebe, si

		N	A	G	L	I	D
Sg	M	môj	môjho (A) môj (I)	môjho	mojom	mojím	môjmu
	F	moja	moju	mojej	mojej	mojou	mojej
	N	moje	moje	môjho	mojom	mojím	môjmu
Pl	M (A)	moji	mojich	mojich	mojich	mojimi	mojim
	M (I) F N	moje	moje	mojich	mojich	mojimi	mojim
Sg	M	ten	toho (A) ten (I)	toho	tom	tým	tomu
	F	tá	tú	tej	tej	tou	tej
	N	to	to	toho	tom	tým	tomu
Pl	M (A)	tí	tých	tých	tých	tými	tým
	M (I) F N	tie	tie	tých	tých	tými	tým
		kto čo	koho čo	koho čoho	kom čom	kým čím	komu čomu

VERBS	Themat. morph.
chytať chytám, chytáš, chytá, chytáme, chytáte, chytajú, chytaj chytajúc, chytal, chytaný, chytanie	-á/aj- --- -a-
rozumieť rozumiem, rozumieš, rozumie, rozumieme, rozumiete, rozumejú, rozumej rozumejúc, rozumel, Xrozumený, Xrozumenie	-ie/ej- --- -ie/e-
niesť nesiem, nesieš, nesie, nesieme, nesiete, nesú, nes nesúc, niesol, nesený, nesenie	-ie/∅- --- -∅-
hynúť hyniem, hynieš, hynie, hynieme, hyniete, hynú, Xhyň hynúc, hynul, Xhynutý, hynutie	-ie/∅- --- -ú/u-
trieť triem, trieš, trie, trieme, triete, trú, tri trúc, trel, trený, trenie	-ie/∅- --- -∅-
brať beriem, berieš, berie, berieme, beriete, berú, ber berúc, bral, braný, branie	-ie/∅- --- -a-
česať češem, češeš, češe, češeme, češete, češú, češ češúc, česal, česaný, česanie	-e/∅- --- -a-
žať žnem, žneš, žne, žneme, žnete, žnú, žni žnúc, žal, žatý, žatie	-e/∅- --- -∅-
chudnúť chudnem, chudneš, chudne, chudneme, chudnete, chudnú, chudni chudnúc, chudol, chudnutý, chudnutie	-e/∅- --- -ú-

žuť žujem, žuješ, žuje, žujeme, žujete, žujú, žuj	-e/∅-
žujúc, žul, žutý, žutie	-∅-
pracovať pracujem, pracuješ, pracuje, pracujeme, pracujete, pracujú, pracuj	-e/∅-
pracujúc, pracoval, X-ný, pracovanie	-a-
robiť robím, robíš, robí, robíme, robíte, robia, rob	-í/∅-
robiac, robil, robený, robenie	-i-
vidieť vidím, vidíš, vidí, vidíme, vidíte, vidia, viď	-í/∅-
vidiac, videl, videný, videnie	-ie / e-
kričať kričím, kričíš, kričí, kričíme, kričíte, kričia, krič	-í/-∅-
kričiac, kričal, kričaný, kričanie	-a-
byť som, si, je, sme, ste, sú, buď	–
súc, bol, –, bytie	–
jesť jem, ješ, je, jeme, jete, jedia, jedz	–
jediac, jedol, jedený, jedenie	–
vedieť viem, vieš, vie, vieme, viete, vedia, vedz	–
vediac, vedel, vedený, vedenie	–
chcieť chcem, chceš, chce, chceme, chcete, chcú, chci	–
chcejúc, chcel, chcený, chcenie	–

ísť
idem, ideš, ide, ideme, idete, idú, iď (choď)
idúc, išiel, Xjdený, Xjdenie

stať (sa)
stanem (sa), staneš (sa), stane (sa), staneme (sa)
stanete (sa), stanú (sa), staň (sa)
stanúc (sa), stal (sa), –, –

stáť
stojím, stojíš, stojí, stojíme, stojíte, stoja, stoj
stojac, stál, Xstáty, státie

VOCABULARY

(m = masculine, f = feminine, n = neuter, pl = plural, p = perfective verb, i = imperfective verb; number (e.g. 2) = number of lesson)

A

a – and, 2
aby – so that, in order to, 12
a čo vy (a ako vy?) – and you?, and what about you?, 9
aj – also, too, as well, 3
ak – if, 3
ako – how, 4
akoby –as if, as though, 14
aký, á, é – what (kind of), 2
ale – but, 9
alebo – or, 4
anglický (anglicky) – English, 13
ani – not even, either, 11
ani... ani – neither... nor, 11
áno – yes, 3
asi – about, probably, aproximately, 3
aspoň – at least, 6
atď. – etc., 10
auto *n* – (motor)car, 3
autom – by car, 3
autor *m* – author, 11
azda – maybe, perhaps, possibly, 14
až – till, until, even, 8

B

ba – even, yet, nevertheless, 8
báť sa *i* – to fear, to be afraid of, 15
bez – without, 8
bežať *i* – to run, to fly (čas beží – time flies), 10
biely – white, 7
biť *p* – to hit, to beat, 15
zabiť *i* - to kill, to murder, 15
blízko – near, 3
bod *m* – point, 14
bohatý, á, é – rich, 5
bojovať *i* – to fight, to struggle, 11
brániť *i* – to defend, 14
brat *m* – brother, 6
breh *m* – river bank, 3
budúcnosť *f* – future, 10
byť *p* – to be, 3
bývať *i* – to live; *iterative* of **byť** – to be usually, 4

C

celkom – quite, completely, 8
celok *m* – whole, 13
celý, á, é – all, whole, 4
cena *f* – price, cost, 3
centimeter (cm) *m* – centimetre, 13
cez (smerom) – via, through, by way of, across, 3
cez (deň) – during (the day), 4
cieľ *m* – aim, purpose, goal, 10
cit *m* – feeling, emotion, 11
cítiť (sa) *p* – to feel, 9
cudzí, ia, ie – strange, foreign, 10

Č

čakať *i* – to wait, to expect, 6
čas *m* – time, 4
časť *f* – part, 15
často – often, frequently, 12
čelo *n* – forehead, 2
červený, á, é – red, 7
český – Czech, 13
čierny, a, e – black, 14
činnosť *f* – activity, 15
číslo *n* – number, 4
čistý, á, é – clean, 2

čítať *i*, prečítať *p* – to read, 8
človek *m*, ľudia – man, people, 4
čo – what, 2
čo ešte – what else, 7
čo sa bude páčiť? – what can I do for you?, 7

D

ďakujem *i* – thank you, 3
ďalej – further, 10
ďaleko – far, 3
ďaleký, á, é – distant, far, 9
ďalší, ia, ie – next, further, following, 11
dať *p*, dávať *i* – to give, to put, 8, 11
dávno – long ago, 9
dedina *f* – village, 2
dejiny *pl* – history, 10
deň *m* – day
(cez) deň – (during the) day, 2
desať – ten, 4
deväť – nine, 4
dielo *n* – work, masterpiece, 11
dieťa *n*, deti *pl* – child, children, 2
dievča *n* – girl, 14
dívať sa *i* – to look at, to gaze, 10
dlaň *f* – palm, 2
dlhý, á, é; dlho – long, 4, 6
dnes – today, 8
dnešný, á, é – present-day, 10
dno (rieky) *n* – (river)bed, 12
do – to, into, till, until, up to, 8
doba *f* – time, age, period, 15
dobre – well, good, 4
dobré ráno – good morning, 2
dobrý, á, é – good, 2
dokázať *p* – to prove, to demonstrate, 15
dokonca – even, 9
dolina *f* – valley, 12
dolu – down, 14
dom *m* – house, 2

doma – at home, 4
(ísť) domov – (go) home, 4
(do)rozumieť (sa) *p* – to understand, to make oneself understood, 11
dosiahnuť *p*, dosahovať *i* – to reach, to achieve, 15
dosiaľ – so far, 6
dosť – enough, quite, 14
dostanete – you will get, 3
dostávať (sa) *i*, dostať (sa) *p* – to get, 9
dovidenia – see you, 2
doviesť *p* – to bring, to fetch, 12
dovoliť *p* – to allow, to permit, 12
dozvedať sa *i*, dozvedieť sa *p* – to find out, to learn, 11
dôležitý, á, é – important, 6
drahý, á, é – expensive, 7
drevo *n* – wood, 14
drobný, á, é – tiny, small, little, 7
druh *m* – kind, sort, article; companion, 7
druhý, á, é – second, the other, the latter, 11
držať *i* – to keep, to hold, 15
duch *m* – spirit, ghost, 14
duša *f* – soul, 11
dva – two, 4
dvere *pl* – door, 11
dvor *m* – courtyard, 3

E

energia *f* – energy, power, 15
ešte – still, more, 3

F

fakt *m* – fact, 11
farba *f* – colour, paint, 14
filozofia *f* – philosophy, 10
forma *f* – form, shape, 15

H

hádam (=asi) – perhaps, maybe, 5

halier *m* – heller, 13
hľadať *i* – to look for, to search, 3
hľadieť (na) *i* – to look (at), to stare, to observe, 14
hlas *m* – voice, 9
hlava *f* – head, 2
hlavné mesto *n* – capital, 9
hlavný, á, é – main, principal, 3
hlboký, á, é; o – deep, 12
hneď – at once, immediately, 3
hoci – though, although, 4
hodina *f* – hour, lesson, 8
hodnota *f* – value, worth, 15
hora (les) *f* – forest, 13
hore – up, upstairs, 4
hospodársky, a, e – farming, economic, 3
hosť *m,* **hostia** *pl* – guest, 10
hotový, á, é – ready, prepared, 8
hovoriť *i* – to talk, to speak, 9
hra *f* – game, play, 4
hranica *f* – border, frontier, boundary, limit, 15
hrať (sa) *i* – to play, 12
hrdina *m* – hero, 11
hviezda *f* – star, 11

CH

chápať *i* – to understand, to grasp, 9
chcieť *i* – to want, 7
chirurg *m* – surgeon, 5
chlap *m* – man, fellow, 14
chlapec *m* – boy, 2
chlieb *m* – bread, 7
chodiť *i,* **chodievať** *i* – to go, 4, 5
chorý, á, é – ill, sick, 5
chrbát *m* – back, 14
chuť *f* – taste, appetite, 8
chvíľa *f* – moment, 9
chyba *f* – mistake, error, 15
chýbať *i* – to miss, to lack, 9
chytiť *p,* **chytať** *i* – to catch, 8

I

i – and, also, 8
iba – only, just, 7
idem – I'm going, 7
idete – you are going, 3
ináč – otherwise, differently, 12
inak – otherwise, else, 13
iný, á, é – other, another, different, 4
ísť – pôjdem *i* – to go, 8
iste – certainly, surely, 3
istý, á, é – sure, certain, 8
izba *f* – room, 4

J

ja – I, 4
jar *f* – spring, 5
jaskyňa *f* – cave, 13
jasný, á, é – bright, clear, 12
jazyk *m* – language, tongue, langue, 10
je – is, 2
jeden, jedna, jedno – one, 3
jediný, á, é – only, the only one, sole, 10
jednoduchý, á, é – simple, 3
jednotka *f* – unit, troop, 12
jednotliví, é *pl* – single, individual, 11
jeseň *f* – autumn, 5

K

k(u) – to, towards, 8
kam – where, 12
kameň *m* – stone, rock, 11
každý, á, é – each, every, everybody, 4
kde – where, 2
keby – if, when, 11
keby nie – if not, unless, 11
keď – if, when, 11
kedy – when, 11
kilogram (kg) *m* – kilogram (kilogramme), 13
klásť *i* – to put, to lay, 14
kniha *f* – book, 2
koľko – how much, how many, 7

konať *i* – to do, to act, 4
konečne – at last, 6
kongres *m* – congress, 9
koniec *m* – end (the end of the street), 3
koreň *m* – root, 12
koruna *f* – crown, 7
kôň *m* – horse, 2
kráčať *i* – to walk, to march, 14
kraj *m* – region, country, 6
krajina *f* – landscape, countryside, 6
kráľ *m* – king, 11
krásny, a, e – beautiful, fair, 6
krátky, a, e – short, 6
kričať *i* – to cry out, to shout, 12
krídlo *n* – wing, 14
krok *m* – step (footstep), pace, 15
krv *f* – blood, 14
kto – who, 2
ktorý, á, é – which, who, that, 3
kúpiť *p,* **kupovať** *i* – to buy, 7
kus *m* – piece, 7
kvalita *f* – quality, 7
kvet *m* – flower, 3
kým – as long as, while, 11

L

ľahký, á, é – light, easy, 10
láska *f* – love, 14
lebo – because, since, 6
lekár *m* – doctor, 5
len – only, just, 3
lenže – but, only, 15
les *m* – wood, forest, 2
letieť *i,* **lietať** *i* – to fly, 14
leto *n* – summer, 5
ležať *i* – to lie, 8
list *m* – letter, leaf, 6
lístok *m* – ticket, note, postcard, 8
liter (l) *m* – liter, 13
literatúra *f* – literature, 10
ľud *m,* **ľudia** *pl* – people, 11
ľudský, á, é – human, 14
lúka *f* – meadow, 2

M

máj *m* – May, 14
málo – few, little, 7
malý, á, é – small, little, 2
mať *i* – to have, 3
matka *f* – mother, 5
medzi – between, among, 9
medzinárodný, á, é – international, 9
meniť *i,* **zmeniť** *p* – to change, to alter, to transform, 8
meno *n* – name, 7
mesiac *m* – month, moon, 7
mesto *n* – town, 2
meter (m) *m* – metre, 13
metóda *f* – method, 8
mier *m* – peace, 11
miery *pl* – measures, 7
miesto *n* – place, seat, spot, 6
milý, á, é – „dear", 6
minulosť *f* – past, 15
mladý, á, é – young, 10
mlčať *i* – to be silent, 11
mlieko *n* – milk, 2
mnohí, é – numerous, many, several, 12
mnoho – much, many, a lot of, 6
množstvo *n* – number, quantity, a lot o 7
more *n* – sea, 11
možné – possible, 9
možno – maybe, perhaps, 8
možnosť *f* – possibility, chance, opportunity, 13
možnosti *pl* – facilites, 13
možný, á, é – possible, 15
môcť *i* – to be able to, 5
môj – my, 7
mŕtvy, a, e – dead, 14
muž *m* – man, 2
my – we, 4
myseľ *f* – mind, 14
myslieť *i* – to think, 8
myšlienka *f* – idea, thought, 14

N

na – on (on the table), at (at the station), 3
načo – why, what for, 7
nádej *f* – hope, 10
náhoda *f* – chance, 12
náhodou – by chance, 12
najmä – above all, particularly, especially, 5
nakoniec – finally, at last, 13
namiesto – instead of, 12
naopak – on the contrary, 6
naozaj – really, indeed, 7
napokon – in the end, finally, 15
napríklad – for example; e.g., 5
národ *m*, **-ný, -ná, -né** – nation, national, 13
náš – our, 4
na zdravie – cheers!, to your health!, 10
nazývať *i*, **nazvať** *p* – to call, to name, 7
nebo *n* (**obloha** *f*) – sky, 12
nedeľa *f* – Sunday, 8
nechať *p*, **nechávať** *i* – to let, to leave, 4, 12
nejaký, á, é – some, any, 3
nemocnica *f* – hospital, 5
nepriateľ *m* – enemy, 5
neskoro – late, 4
neznámy, a, e – strange, unknown, 5
než – than, 10
nič – nothing, 7
nie – no, not, 2
niečo – something, 4
nie je – is not, 2
niekde – somewhere, 9
niekedy – sometimes, some day, 4
niekoľko – a few, several, 9
niekto – somebody, 9
niektorý, á, é – some, 9
nielen – ale aj – not only – but also, 11
niesť *i*, **nosiť** *i* – to carry, 12
nijaký, á, é – no (one), no kind of, 6
nik, nikto – nobody, no one, 9
nikde – nowhere, 9
nikdy – never, 9
nízky, a, e – low, 3
no – but, 4
noc *f* – night, 10
noha *f* – leg, foot, 2
noviny *pl* – newspaper, 6
nový, á, é – new, 2
nula (0) *f* – zero, nought, 13
nuž – well, now, 5

O

obdobie *n* – period, space of time, season, 12
obchod *m* – shop, 3
obidvaja, obaja, oba, obe – both, 10
obrátiť *p* (**obrátiš**) – to turn (you turn), 3
obraz *m* – picture, painting, 2
obrázok *m* (*metaphor.:* fotografia) – snap, 6
obrovský, á, é – vast, huge, gigantic, 9
obsah *m* – content, capacity, 11
obyčajne – usually, 4
od(o) – from, 8
odkedy – since, 13
odpoveď *f* – answer, 6
odpovedať *i* – to answer, to reply, 11
oheň *m* – fire, 14
okno *n* – window, 11
oko *n* – eye, 2
okolo – round, around, 6
okrem – besides, except, 13
on – he, 4
ona – she, 4
oni (ony) – they, 4
ono – it, 4
opakovať *i* – to repeat, 12
opäť – again, 14
orgán *m* – organ, authority, 13
organizácia *f* – organisation, 15
osem – eight, 4

osoba *f* – person, 11
ostať *p*, **ostávať** *i* – to stay, to remain, 11
ostatní, é *pl* – the other, the rest, 9
otázka *f* – question, 3
otec *m* – father, 5
otvoriť *p*, **otvárať** *i* – to open, 11

P

páčiť sa *i* – to like, to please, 10
padnúť *p*, **padať** *i* – to fall, 12
pamätať *i* – to remember, 8
pán *m* – Mr, gentleman, 2
pani *f* – Mrs, lady, 2
papier *m* – paper, 4
paragraf *m* – paragraph, article (of law), 10
patriť *i* – to belong, 10
päť – five, 4
pekne – nicely, 5
pekný, á, é – nice, 2
peniaze *pl* – money, 7
pes *m*, psa *gen*, psi *pl* – dog, 12
pevný, á, é – firm, strong, 10
písať *i* – write, 9
piť *i* – drink, 7
plakať *i* – to cry, to weep, 12
plán *m* – plan, 8
platiť *i* – to pay, to apply, 15
plný, á, é – full, 6
plocha *f* – area, surface, 13
plot *m* – fence, 3
po – after, 8
pocit *m* – feeling, sensation, 14
počet *m* – number, 13
počuť *i* – to hear, 9
počúvať *i* – to listen, to obey, 5
pod(o) – under, below, 12
podariť sa *p* – to succeed in, 10
podľa – according to, in accordance with, 10
podmienka *f* – condition, 10
podoba *f* – shape, form, 8
podobne – and so on (etc.), similarly, 7
podobný, á, é – similar, (a)like, 8
podstata *f* – essence, 11
pohár *m* – glass, tumbler, 10
pohľad *m* – look, view, 6
pohnúť *p* – to move, to stir, 14
pohyb *m* – motion, movement, 11
pochopiť *p* – to understand, to comprehend, to grasp, 11
pokiaľ – as long as, as far as, 10
pokladať *i* – to consider, to regard, 15
pokoj *m* – peace, quiet, 11
pokračovať *i* – to continue, to go on, 8
pokus *m* – attempt, experiment, 13
pole *n* – field, 6
politický – political, 9
polovica *f* – half, 7
položiť *p* – to put, to lay, 11
pomáhať *i* – to help, to assist, 15
pomaly – slowly, 14
pomoc *f* – help, 3
pomôcť *p* – to help, to assist, 8
pomyslieť (si) *p* – to think of sth., 9
poriadok *m* – order, discipline, 4
posledný, á, é – last, 3
postava *f* – figure, stature, character, 11
postaviť sa *p* – to stand up, to oppose, 15
potom – then, later, 3
potreba *f* – need, necessity, 11
potrebný, á, é – necessary, 11
potrebovať *i* – to need, 7
potrebujem – I need, 3
používať *i* – to use, 12
povedať *p* – to say, to tell, 5
povstanie *n* – uprising
  Slovenské národné povstanie (SNP) – Slovak National Uprising, 13
pozerať (na) *i* – to look (at), 6
poznanie *n* – knowledge, 11
poznať *p* – to know, 4
poznáte, viete – you know, 3

pozrieť *p* – to look, to see, 8
pôda *f* – soil, earth, 12
pôsobiť *i* – to work, to affect, to operate, 11
prameň *m*, **voda** *f:* minerálne pramene (vody) – mineral springs, termálne pramene (vody) – thermal springs, 13
pravda *f* – truth, 11
pravdaže – of course, naturally, 9
práve – just, 8
právo *n* – right, claim, title, 15
pravý, á, é – right, 3
prax *f* – practice, 10
prázdny, a, e – empty, 6
pre – for, 10
prečo – why, 7
pred – before, in front of, 8
predmet *m* – object, 15
predovšetkým – above all, first of all, 15
predsa – yet, still, nevertheless, 10
predseda *m* – chairman, 5
predstava *f* - idea, notion, 6
predstaviť si *p* – to imagine, 15
predtým – before, 9
prechádzať sa *i* – to walk, to go for a walk, 6
prejav *m* – display, speech, 14
prejdete – you pass, 3
prejsť *p* – to pass, to cross, to go over, 9
prepáčte – excuse me, 3
presne – precisely, punctually, acurately, 4
prestať *p* – to stop, to cease, 11
presvedčiť (sa) *p* – to persuade, to convince oneself, to ascertain, 15
pretože – because, since, as, 4
pri – at, near, by, close to, 5
priam – almost, as if, outright, 14
priamo – direct(ly), 3
priateľ *m* – friend, 5

príčina *f* – cause, reason, 15
pridať *p* – to add, 7
priestor *m* – space, 12
prichádzať *i* – to come, to arrive, 4
prijať *p* – to receive, to accept, 9
príklad *m* – example, 5
príliš – too (much), 9
priniesť *p* – to bring, 12
pripraviť (sa) *p* – **pripravovať (sa)** *i* – to get ready, to prepare, 8
príroda *f* – nature, 12
prirodzený, á, é – natural, 14
prísť *p* – to come, 5
pritom – at the same time, 14
problém *m* – problem, 9
prosím – please, 3
prostriedok *m* – means, middle, centre, way, 15
proti – against, 7
prst *m* – finger, 2
prúd *m* – flow, stream, current, jet, 14
prv – before, formerly, first, 6
pustiť sa *p* – to take up, 11
pýtať sa *i* – to ask (a question), 13

R

rad *m* – row, line, queue, 7
rád, a, o (mať rád) – to like, 4
rada *f* – advice, 7
radosť *f* – joy, delight, pleasure, 9
rameno *n* – shoulder, 2
ráno *n, adv.* – morning, in the morning, 4
rásť *i* – to grow, 12
rastlina *f* – plant, 11
raz – once, one day, 6
-ráz – -times, 9
reč *f* – speech, 9
rieka *f* – river, 3
riešenie *n* – solution, 11
robiť *i* – to do, to work, to make, 5
robota *f* – work, 5

robotnícky – working, worker's, 5
robotník *m* – worker, 5
rodina *f* – family, 5
rok *m* – year, 8
román *m* – novel, 11
rovina *f* – plain, 12
rovnako, ý, é – equal, the same, 8
rozdiel *m* – difference, 13
rozhodnúť sa – to decide, 10
rozličný, rôzny – various, 4
rozprávať – to speak, to chat, 4
rozumieť (sa) – to understand, 12
rozvoj *m* – development, 13
ruka *f* – hand, 2
rýchle/o – fast, quickly, 4

S

s/so – with, 8
sadnúť *p,* **sedieť** *i* – to sit, 5, 10
sám – alone, myself, yourself, 11
seba, sa – myself, itself, ourselves, 10
sedem – seven, 7
sem – here, 6
servus, ahoj – hallo, 2
sestra *f* – sister, 5
síce – though, on the one hand, it is true, otherwise, 6
sila, silný – strong, 10
situácia *f* – situation, 11
sklo *n* – glas, 2
skončiť *p* – to end, to finish, to complete, 6
skupina *f* – group, 14
skúsenosť – experience, 5
skutočnosť *f,* **ný** – real, actual, 14
slabý, á, é – weak, faint, infirm, feeble, 15
slnko *n* – sun, 12
Slovák *m* – a Slovak, 6
Slovensko *n* – Slovakia, 6
slovenský, á, é – Slovak, 7
slovo *n* – word, 8
služba *f* – service, office, duty, 15
slúžiť *i* – to serve, 15
smer *m* – direction, course, 14

smiať sa *i* – to laugh, 12
smiech *m* – laughter, 5
smieť *i* – to be allowed, may, 12
smrť *f* – death, 12
spať *i,* **spávať** *i* – to sleep, 4, 15
spievať *i* – to sing, 5
splniť *p* – to fulfil, 8
spoločenský, á, é – sociable, 9
spoločnosť *f* – society, company, 9
spoločný, á, é – common, collective, 9
spolu – together, 9
spomenúť *p,* **spomínať** *i* – to remember, to recall, 6, 13
spôsob *m* – way, method, manners *(pl)*, 15
správa *f* – news, report, 6
spraviť *p* – to do, to make, 10
správny, a, e – right, correct, 15
srdce *n* – heart, 14
stačiť *i* – to surfice, to be enough, 7
stále – always, 3
stanica *f* – station, 3
stará matka *f* – grandmother, 5
starý otec *m* – grandfather, 5
stať sa *p* – to become, 11
stáť *i* – to stand, 14
stav *m* – state, condition, 13
stavať *i* – to build, to construct, 13
stávať sa *i* – to become, 11
stavba *f* – building, construction, 3
stena *f* – wall, 2
storočie *n* – century, 13
stôl *m* – table, desk, 5
stratiť *p,* **strácať** *i* – to lose, 5, 8
strach *m* – fear, 10
strana *f* – side, page, 6
stránka *f* – aspect, point of view, 9
strašný, á, é – awful, terrible, dreadful, 10
stratiť *p,* **strácať** *i* – to lose, 5, 8
stretať (sa) *i,* **stretnúť (sa)** *p* – to meet, 9
stroj *m* – machine, 10
strom *m* – tree, 2

stupeň *m* – degree, 13
súčasne – at the same time, 11
súd *m* – court, 10
súvislosť *f* – connection, coherence, context, 11
svedčiť *i* – to testify, 9
svet *m*, **svetový, á, é** – world, 7
svetlo *n* – light, 10
svietiť *i* – to shine, to light, 12
svoj, a, e, i – his, her, its, our, your, their, 9
systém *m* – system, 15

Š

šesť – six, 4
široký, á, é – wide, 3
škoda *f* – damage, it is a pity, what a pity, 9
škola *f* – school, 2
šťastie *n* – luck, fortune, happiness, 10
šťastný, á, é – happy, 5
štyri – four, 4
štát *m* – state, 13
štvorcová míľa (kilometer) – square mile, 13
štyri minúty – four minutes, 3

T

tak – so, thus, 3
takmer – almost, nearly, practically, 3
takto – so, like this, in this way, 14
taký, á, é – such, 3
takže – so, thus, 6
tam – there, 2
Tatry *pl:* **Vysoké Tatry** – the High Tatras, **Nízke Tatry** – the Low Tatras, 13
ťažko – hard, 10
ťažký, á, é – hard, heavy, difficult, 5
teda – so, then, 7
telo *n* – body, 12
ten, tá, to – that, 3
ten istý, tá istá, to isté – the same, 9
tento, táto, toto – this, 3
teplý, á, é – warm, 12
teraz – now, 3
tešiť (sa) (na) *i* – to look forward to, 6
tiež – also, too, as well, 7
ticho *n* – silence, 14
tma *f* – darkness, dark, 14
to – that, 2
toľko – so many, so much, 6
totiž – namely, 6
tráva *f* – grass, 12
treba – it is necessary, 4
tri – three, 4
trieda *f* – classroom, 2
trocha – a little, some, 4
trvať *i* – to last, 9
tu – here, 2
tvar *m* – form, shape, 7
tvár *f* – face, 2
tvrdý (o), á, é – hard, 10
ty – you, 4
týždeň *m* – week, 7

U

u – at, by, near, 8
učiť (niekoho) *i* – to teach, 9
učiť (sa) *i* – to learn, to study, 9
učiteľ *m* – teacher, 4
ukázať *p*, **ukazovať** *i* – to point, to show, to demonstrate, to indicate, 7, 15
ulica *f* – street, 2
úloha *f* – task, 8
úplne – fully, completely, 14
úrad *m* – office, bureau, 8
určiť *p*, **určovať** *i* – determine, appoint, 13
určitý, á, é – certain, definite, 15
urobiť *p* – to make, to do, 6
úsilie *n* – effort, pains, 15
úsmev *m* – smile, 14

ústa *pl* – mouth, 14
uvidíte – you will see, 3
uviesť (= povedať) *p* – to say, 13
územie *n* – territory, 13
úzky, a, e – narrow, 12
už – already, 3

V

v(o) – in, 5
vari – maybe, probably, 8
včera – yesterday, 6
vec *f* – matter, thing, 3
večer *m* – evening, 2
veď – after all, 4
veda *f* – science, learning, 9
vedecký, á, é – scientific, 9
vedenie *n* – leadership, management, 8
vedieť *i* – to know, 5
vedľa – next to, alongside of, 12
vedomie *n* – consciousness, 14
vedúci predajne – manager *m*
veľa – much, many, a lot of, 7
veľký, á, é – large, great, big, 2
veľmi – very, 3
veriť *i* – to believe, to trust, 6
veru – really, indeed, 12
veta *f* – sentence, statement, 12
vidieť *i*, uvidieť *p* – to see, 8
vidíte? – can you see?, 3
vie – he knows, 7
viesť *i* – to lead, to conduct, 12
vietor *m* – wind, 14
víno *n* – wine, 7
vlak *m* – train, 4
vlasť *f* – country, home, native land, 13
vlastne – in fact, actually, 5
vlastný, á, é – own, proper, 4
vlasy *pl* – hair, 10
vnútorný, á, é – internal, inner, 11
vnútro *n* – inside, interior, 11
voda *f* – water, 2
vojak *m* – soldier, 12
vojna *f* – war, 11

volať *i*, zavolať *p* – to call, 8
voľný, á, é – free, 4
voz *m* – car, vehicle, 3
vôbec – at all, 5
vôľa *f* – will, 10
v poriadku – all right, 9
vraj – they say, it is said, 13
vrátiť (sa) *p*, vracať (sa) *i* – to return (to come back), 8
vravieť *i* – to talk, to speak, 11
vrch *m* – hill, mountain, 13
vstať *p*, vstávať *i* – to stand up, to get up, 4, 15
všade – everywhere, throughout, 14
však – however, 15
všeobecný, á, é – common, general, 9
všetci – all, everybody, 5
všetok, všetka, všetko – all, everything, 6, 14
všimnúť si *p* – to take heed, to notice, 10
v škole – in the school, at school, 4
vtedy – then, 4
vy – you, 4
vybrať *p*, vyberať *i* – to choose, 7
vydať sa (na cestu) *p* – to set out (for a journey), 8
výhľad *m* – sight, view, 6
vychádzať *i* – to go out, 4
vyjadrovať (sa) *i* – to express (oneself), 13
vypracovať *p* – to elaborate, 8
výraz *m* – expression, 11
výroba *f* – production, manufacture, 15
výsledok *m* – result, 15
vysloviť *p*, vyslovovať *i* – to pronounce, 14
vysoký, á, é – high, tall, 2
výška *f* – height, 14
vývin *m* – development, evolution, 11
vyzerať *i* (ako vyzerá) – look (how does it look like), 6
význam *m* – importance, significance, 9
vzduch *m* – air, 4

vziať (si) *p*, brať (si) *i* – to take, 12
vzťah *m* – relation, relationship, 9
vždy – always, ever, 3

Z

z(o) – from, of, out of, 7
za – for, by; at; behind, 3
zabudnúť *p*, zabúdať *i* – to forget, 10
začať *p*, začínať *i* – to begin, to start, 4
začiatok *m* – start, beginning, 8
záhrada *f* – garden, 2
zajtra – tomorrow, 8
základ *m* – base, basis, 15
základný, á, é – basic, elementary, fundamental, 15
zákon *m* – act, 10
zapamätať si *p* – to remember, 4
zasa – again, 11
zastať *p* – to stop, to halt, 14
zastaviť *p* – to stop, to halt, 10
zastaviť sa *p* – to call for sb., 8
zatiaľ – so far, in the meantime, 9
záujem *m* – interest, 9
zaujímať sa *i* – to be interested, to take an interest, 10
zdať sa *i* – to seem, to appear, 14
zdravie *n* – health, 10
zdravý, á, é – healthy, sound, 6
zdvihnúť *p* – to lift, to hoist, 10
zelený, á, é – green, 2
zem *f* – soil, earth, ground, 12
zima *f* – winter, cold, 5
zísť sa *p* – to meet, 9
zistiť *p*, zisťovať *i* – to find out, to ascertain, 11
zlatý, á, é – gold, golden, 14
zlý, á, é – bad, 2
zmena *f* – change, alteration, 11
zmysel *m* – sense, 5
znamenať *i* – to mean, 4
známy, a, e – well-known, acquaintance, 5
znova – again, 6
zodpovedný, á, é – responsible
zrejme – obviously, evidently, 14
zuby *pl* – teeth, 10
zviera *n* – animal, 11

Ž

že – that, 4
žena *f* – woman, wife, 8
žiadať *i* – to ask, to demand, 4
žiadny, a, e – no, no one, 10
žiaľ *adv.* – unfortunately, sorry to say, 7
žiť *i* – to live, 11
život *m* – life, 4
živý, á, é – live, alive, lively, 12

A

about – asi, o
about all – najmä, predovšetkým
to be able to – môcť *i*
to accept – prijať *p*
according to – podľa
accuratelly – presne
to achieve – dosiahnuť *p*, dosahovať *i*
acquaintance – známy
across – cez
act – zákon *m*
to act – konať *i*
activity – činnosť *f*
actual – skutočný
actually – vlastne
to add – pridať *p*
advice – rada *f*
to affect – pôsobiť *i*
to be afraid of – báť sa *i*
after – po
after all – veď
again – znova, opäť, zasa
against – proti
age – doba *f*
aim – cieľ *m*
air – vzduch *m*
aproximately – asi
alive – živý
all – celý, všetok, všetka, všetko
all right – v poriadku
to allow – dovoliť *p*
to be allowed – smieť *i*
almost – takmer, priam
alone – sám
alongside of – vedľa
already – už
also – aj, i, tiež
to alter – zmeniť *p*, meniť *i*
alteration – zmena *f*
although – hoci
always – stále, vždy
among – medzi
and – a, i
and so on (etc.) – podobne, atď.
and what about you? – a čo vy?
and you? – a čo vy? (a ako vy)?
animal – zviera *n*
another – iný, druhý
answer – odpoveď *f*, odpovedať *i*
any – nejaký
appetite – chuť *f*
to apply – platiť *i*
appoint – určiť *p*, určovať *i*
area – oblasť *f*, plocha *f*
around – okolo
to arrive – prichádzať *i*
article – druh *m* (–of law – paragraf *m)*
as – pretože
as far as – pokiaľ
as if – akoby, priam
as long as – pokiaľ
as though – akoby
as well – aj, tiež
to ascertain – presvedčiť *p*, zistiť *p*, zisťovať *i*
to ask (a question) – pýtať sa *i*, žiadať *i*
aspect – stránka *f*
to assist – pomôcť *p*, pomáhať *i*
at – u, o, pri, za
at the station – na stanici
at home – doma
at school – v škole
at last – konečne, nakoniec
at all – vôbec
at once – hneď
at the same time – súčasne, pritom
attempt – pokus *m*
author – autor *m*
authority – orgán *m*
autumn – jeseň *f*
awful – strašný

B

back – chrbát *m*
bad – zlý
base – základ *m*

basic – základný
basis – základ *m*
to be – byť *p*
to be usually – *iteratív* od „byť" *p*
to beat – biť *i*
beautiful – krásny
because – pretože, lebo
to become – stať sa *p*, stávať sa *i*
bed – dno (rieky) *n*
before – prv, pred, predtým
to begin – začať *p*, začínať *i*
beginning – začiatok *m*
behind – za
to believe – veriť *i*
to belong – patriť *i*
below – pod(o)
besides – okrem
between – medzi
big – veľký
black – čierny
blood – krv *f*
body – telo *n*
book – kniha *f*
border – hranica *f*
both – obidvaja, obaja, oba, obe
boundary – hranice *pl*
boy – chlapec *m*
bread – chlieb *m*
bright – jasný
to bring – doviesť *p*, priniesť *p*
brother – brat *m*
to build – stavať *i*
building – stavba *f*
bureau – úrad *m*
but – ale, no, lenže
to buy – kúpiť *p*, kupovať *i*
by – pri, u, za
  by car – autom
  by chance – náhodou
  by way of – cez

C

to call – volať *i*, zavolať *p*; nazývať *i*, nazvať *p*
to call for s.o. – zastaviť sa (po niekoho) *p*
can – môcť (môžem) *i*
capacity – obsah *m*
capital – hlavné mesto *n*
(motor-)car – auto *n*, voz *m*
to carry – niesť *i*, nosiť *i*
to catch – chytiť *p*, chytať *i*
cause – príčina *f*
cave – jaskyňa *f*
to cease – prestať *p*
centimetre – centimeter (cm) *m*
centre – prostriedok *m*
century – storočie *n*
certain – určitý, istý
certainly – iste
chairman – predseda *m*
chance – možnosť *f*, náhoda *f*
  by chance – náhodou
change – zmena *f*, meniť *i*, zmeniť *p*
character – postava *f*
to chat – rozprávať (sa) *i*
cheers! – na zdravie!
child – dieťa *n*
children – deti *pl*
to choose – vybrať *p*, vyberať (si) *i*
clean – čistý
clear – jasný
claim – právo *n*
classroom – trieda *f*
close to – pri
coherence – súvislosť *f*
cold – zima *f*
collective – spoločný
colour – farba *f*
to come – prísť *p*, prichádzať *i*
to come back – vrátiť *p*, vracať (sa) *i*
common – spoločný, všeobecný
companion – druh *m*

company – spoločnosť *f*
to complete – skončiť *p*
completely – celkom, úplne
to comprehend – pochopiť *p*
condition – podmienka *f*, stav *m*
to conduct – viesť *i*
congress – kongres *m*
connection – súvislosť *f*
consciousness – vedomie *n*
to consider – pokladať *i*
to construct – stavať *i*
construction – stavba *f*
content – obsah *m*
context – súvislosť *f*
to continue – pokračovať *i*
continuity – súvislosť *f*
to convince (oneself) – presvedčiť (sa) *p*
correct – správny
cost – cena *f*
countryside – krajina *f*
course – smer *m*
court – súd *m*
courtyard – dvor *m*
to cross – prejsť *p*
crown – koruna *f*
to cry – kričať *i*, plakať *i*
current – prúd *m*
Czech – Čech *m*, český

D

damage – škoda *f*
dark – tma *f*
darkness – tma *f*
day – deň *m*
dead – mŕtvy
„dear" – milý
death – smrť *f*
to decide – rozhodnúť (sa) *p*
deep – hlboký
to defend – brániť *i*
definite – určitý
degree – stupeň *m*
delight – radosť *f*

to demand – žiadať *i*
to demonstrate – ukázať *p*, ukazovať *i* dokázať *p*, dokazovať *i*
desk – stôl *m*
to determine – určiť *p*, určovať *i*
development – rozvoj, vývin *m*
difference – rozdiel *m*
different – rozličný, rôzny, iný
differently – ináč
difficult – ťažký
direct(ly) – priamo
direction – smer *m*
discipline – poriadok *m*
display – prejav *m*
distant – ďaleký
to do – konať *i*, spraviť *p*, robiť *i*, urobiť *p*
dog – pes *m*
door – dvere *pl*
down – dolu
dreadful – strašný
to drink – piť *i*
during (the day) – cez (deň)
duty – služba *f*

E

each – každý
early – skoro, včas
earth – pôda, zem *f*
easy – ľahký
economic – hospodársky
effort – úsilie *n*
eight – osem
either – ani
to elaborate – vypracovať *p*
elementary – základný
else – ináč, inak
emotion – cit *m*
empty – prázdny
end – koniec *m*
to end – skončiť *p*
energy – energia *f*
English – anglický, anglicky
enough – dosť

to be enough – stačiť *i*
equal – rovnaký
error – chyba *f*
especially – najmä
essence – podstata *f*
etc. – atď.
even – ba, dokonca, až
evening – večer *m*
ever – vždy
every – každý
everybody – každý, všetci
everything – všetok, všetka, všetko
everywhere – všade
evidently – zrejme
evolution – vývin *m*
example – príklad *m*
  for example – napríklad
except – okrem
excuse me – prepáčte
to expect – čakať *i*, očakávať *i*
expensive – drahý
experience – skúsenosť *f*
experiment – pokus *m*
to express (oneself) – vyjadriť (sa) *p*, vyjadrovať (sa) *i*
expression – výraz *m*
eye – oko *n*

F

face – tvár *f*
facilities – možnosti *pl*
fact – fakt *m*, skutočnosť *f*
faint – slabý
fair – krásny
to fall – padnúť *p*, padať *i*
family – rodina *f*
to fancy – pomyslieť si *p*
far – ďaleko, ďaleký
farming – hospodársky
father – otec *m*
fear – strach *m*
to fear – báť sa *i*
feeble – slabý

to feel – cítiť (sa) *i*
feeling – pocit, cit *m*
fence – plot *m*
to fetch – doviesť *p*
few – málo
a few – niekoľko
field – pole *n*
to fight – bojovať *i*
figure – postava *f*
finally – napokon, nakoniec, konečne
to find – zistiť *p*, zisťovať *i*
to find out – dozvedať sa *i*, dozvedieť sa *p*
fine – pekne
finger – prst *m*
to finish – skončiť *p*
fire – oheň *m*
firm – pevný
first – prv, prvý
five – päť
flow – prúd *m*
flower – kvet *m*
to fly – lietať *i*, letieť *i* (time flies – čas beží)
following – ďalší
foot – noha *f*
for – pre, za
force – sila *f*
forehead – čelo *n*
foreign – cudzí
forest – les *m*
to forget – zabúdať *i*, zabudnúť *p*
form – podoba *f*
formerly – prv, skôr
fortune – šťastie *n*
four – štyri
free – voľný
frequently – často
friend – priateľ (enemy – nepriateľ) *m*
from – z(o)
frontier – hranica *f*
full – plný
to fulfil – splniť *p*
fully – úplne

139

fundamental – základný
further – ďalší, ďalej
future – budúcnosť *f*

G

game – hra *f*
garden – záhrada *f*
to gaze – dívať sa *i*
general – všeobecný
gentleman – pán *m*
to get – dostať *p*, dostávať *i*
  to get ready – pripraviť sa *p*, pripravovať sa *i*
  to get up – vstať *p*, vstávať *i*
ghost – duch *m*
gigantic – obrovský
girl – dievča *n*
to give – dať *p*, dávať *i*
glass – sklo *n*, pohár *m*
to go – ísť *i*, chodiť *i*, chodievať *i*
  I'm going – idem
  you are going – idete
  to go on – pokračovať *i*
  to go out – vychádzať *i*
goal – cieľ *m*
gold – zlato *n*, zlatý
golden – zlatý
good – dobrý, dobre
  good morning – dobré ráno
grandfather – starý otec *m*
grandmother – stará matka *f*
to grasp – chápať *i*, pochopiť *p*
grass – tráva *f*
great – veľký
green – zelený
ground – zem *f*
group – skupina *f*
to grow – rásť *i*
guest – hosť *m*, hostia *pl*

H

hair – vlasy *pl*
half – polovica *f*
hallo – servus
to halt – zastaviť *p*, zastať *p*
hand – ruka *f*
happiness – šťastie *n*
happy – šťastný
hard – ťažký, o, tvrdý, o
to have – mať *i*
he – on
head – hlava *f*
health – zdravie *n*
  to your health! – na zdravie!
healthy – zdravý
heart – srdce *n*
heavy – ťažký
height – výška *f*
heller – halier *m*
help – pomoc *f*
to help – pomôcť *p*, pomáhať *i*
here – sem, tu
hero – hrdina *m*
high – vysoký
  the High Tatras – Vysoké Tatry *pl*
hill – vrch *m*
hip – bok *m*
his, her, its, our, your, their – svoj
to hit – biť
to hoist – zdvihnúť *p*
to hold – držať *i*
home – vlasť *f*, domov *m*
  (go) home – (ísť) domov
hope – nádej *f*
horse – kôň *m*
hour – hodina *f*
house – dom *m*
how – ako
  how many – koľko
  how much – koľko
however – však
huge – obrovský
human – ľudský

I

I – ja

idea – myšlienka *f*, predstava *f*
if – ak, či, keby, keď
  if not – keby nie
ill – chorý
to imagine – prestaviť si *p*
immediately – hneď
importance – význam *m*
important – dôležitý
in – v(o)
  in accordance with – podľa
  in the end – nakoniec, napokon
  in fact – vlastne
  in front of – pred
  in the meantime – zatiaľ
  in the morning – ráno
  in the school – v škole
  in order to – aby
  in time – skoro (včas; takmer)
  in this way – takto
indeed – naozaj, skutočne, veru
to indicate – ukázať *p*, ukazovať *i*
individual – jednotliví *pl*
infirm – slabý
inner – vnútorný
inside – vnútro *n*
instead of – namiesto
interest – záujem *m*
to be interested, to take an interest
  – zaujímať sa *i*
interior – vnútro *n*
internal – vnútorný
international – medzinárodný
into – do
is not – nie je
it – ono
itself, ourselves – seba

J

jet – prúd *m*
joy – radosť *f*
just – práve, iba, len

K

to keep – držať *i*
kilogram(me) – kilogram (kg) *m*
to kill – zabiť *p*
kind – druh *m*
king – kráľ *m*
to know – poznať *i*, vedieť *i*
knowledge – poznanie *n*

L

to lack – chýbať *i*
lady – pani *f*
land (native) – vlasť *f*, krajina *f*, štát *m*
landscape – krajina *f*
language – jazyk *m*, reč *f*
langue – jazyk *m*, reč *f*
large – veľký
last – posledný
to last – trvať *i*
late – neskoro
later – potom
to laugh – smiať sa *i*
laughter – smiech *m*
to lay – položiť *p*, klásť *i*
to lead – viesť *i*
leadership – vedenie *n*
leaf – list *m*
to learn – učiť (sa) *i*, dozvedieť sa *p*,
  dozvedať sa *i*
learning – veda *f*
to leave – pustiť (sa) *p*, nechať *p*, nechávať *i*
leg – noha *f*
lesson – hodina *f*, cvičenie *n*
to let – nechať *p*, nechávať *i*
letter – list *m*
to lie – ležať *i*
life – život *m*
to lift – zdvihnúť *p*
light – svetlo *n*, ľahký
to light – svietiť *i*
to like – mať rád *i*, páčiť sa *i*

like this – takto
limit – hranica *f*
line – rad *m*
to listen – počúvať *i*
literature – literatúra *f*
litre – liter (l) *m*
little – málo, malý, drobný
  a little – trocha
to live – bývať *i*, žiť *i*
live – živý
lively – živý
long – dlhý
long ago – dávno
look – pohľad *m*
to look (at) – dívať sa *i*, hľadieť *i*, vyzerať *i*, pozrieť (na) *p*, pozerať (na) *i* (**how does it look like** – ako to vyzerá)
to look for – hľadať *i*
to look forward to – tešiť sa (na) *i*
to loose – stratiť *p*, strácať *i*
a lot of – mnohí, mnoho, veľa, množstvo
love – láska *f*
the Low Tatras – Nízke Tatry *pl*
luck – šťastie *n*
lucky – šťastný

M

machine – stroj *m*
main – hlavný
to make – robiť *i*, urobiť *p*, spraviť *p*
  to make oneself understood – dorozumieť sa *p*
man – muž *m*, chlap *m*, človek *m*
  people – ľudia *pl*
management – vedenie *n*
manners – spôsoby *pl*
manufacture – výroba *f*
many – mnoho, veľa, mnohí
to march – kráčať *i*
masterpiece – dielo *n*
matter – vec *f*
may – smieť *i*

May – máj *m*
maybe – hádam, asi, možno, azda, vari
to mean – znamenať *i*
means – prostriedok *m*
measures – miery *pl*
to meet – stretnúť sa *p*, stretať sa *i*, zísť sa *p*
menu – jedálny lístok *m*
method – spôsob *m*, metóda *f*
metre – meter (m) *m*
middle – prostriedok *m*
milk – mlieko *n*
mind – myseľ *f*
mineral springs – minerálne pramene (vody) *pl*
to miss – chýbať *i*
mistake – chyba *f*
mistress – pani *f*
moment – chvíľa *f*
month – mesiac *m*
more – ešte
morning – ráno *n*
moon – mesiac *m*
mouth – ústa *pl*
to move – pohnúť *p*
Mr – pán *m*
Mrs – pani *f*
much – mnoho, veľa, príliš
to murder – zabiť *p*
myself, itself, ourselves – sám, seba

N

to name – nazvať *p*, nazývať *i*
name – meno *n*
namely – totiž
narrow – úzky
nation – národ *m*
national – národný
native land – vlasť *f*
nature – príroda *f*
natural – prirodzený
naturally – pravdaže
near – blízko, pri, u

nearly – takmer
necessary – potrebný
necessity – potreba *f*
need – potreba *f*, potrebovať *i*
neither... nor – ani... ani
never – nikdy
nevertheless – ba, predsa
new – nový
news – správa *f*
newspaper – noviny *pl*
next – ďalší
next to – vedľa
nice – pekný
nice(ly) – pekne
night – noc *f*
nine – deväť
no – nie
  no one – žiadny, nijaký, nik, nikto
  no kind of – nijaký
nobody – nik, nikto
not even – ani
not only, but also – nielen, ale aj
note – lístok *m*
nothing – nič
to notice – všimnúť si *p*
notion – predstava *f*
nought – nula *f*
novel – román *m*
now – teraz, nuž
nowhere – nikde
number – číslo *n*, počet *m*, množstvo *n*
numerous – mnohí, é

O

to obey – poslúchať *i*
object – predmet *m*
to observe – hľadieť *i*, pozorovať *i*
obviously – zrejme
to occupy – zaujímať sa *i*
of – z(o)
of course – pravdaže
office – služba *f*, úrad *m*
often – často

on (on the table) – na
  on the contrary – naopak
  on the one hand – síce
once – kedysi, raz
one – jeden, jedna, jedno
  one day – raz
only – iba, len, lenže, jediný
  the only one – jediný
to open – otvoriť *p*, otvárať *i*
to operate – pôsobiť *i*
opportunity – možnosť *f*
to oppose – byť proti *p*
or – alebo, či
order – poriadok *m*
organ – orgán *m*
organisation – organizácia *f*
other – iný
the other – druhý, ostatný
otherwise – inak, ináč
our – náš
out of – z(o)
outright – priam
over (the day) – cez (deň)
  to go over – prejsť *p*
own – vlastný

P

pace – krok *m*
page – strana *f*
pains – úsilie *n*
paint – farba *f*
painting – obraz *m*
palm – dlaň *f*
paper – papier *m*
paragraph – paragraf *m*
part – časť *f*
particularly – najmä
to pass over – prejsť *p*
past – minulosť *f*
to pay – platiť *i*
peace – mier *m*, pokoj *m*
people – ľud *m*, ľudia *pl*
perhaps – azda, hádam, možno

period – obdobie *n*, doba *f*
to permit – dovoliť *p*
person – osoba *f*
to persuade – presvedčiť *p*
philosophy – filozofia *f*
picture – obraz *m*
piece – kus *m*
it´s a pity – škoda
place – miesto *n*
plain – rovina *f*
plan – plán *m*
plant – rastlina *f*
play – hra *f*
to play – hrať (sa) *i*
to please – páčiť sa *i*
please – prosím
pleasure – radosť *f*
point – bod *m*
to point – ukázať *p*
political – politický
possibility – možnosť *f*
possible – možný, možné
possibly – azda
postcard – lístok *m*
power – energia *f*, sila *f*
practically – takmer
practice – prax *f*
precisely – presne
to prepare – pripraviť (sa) *p*, pripravovať (sa) *i*
prepared – hotový, pripravený
present-day – dnešný
price – cena *f*
principal – hlavný
probably – asi, vari
problem – problém *m*
to pronounce – vysloviť *p*, vyslovovať *i*
proper – vlastný
to prove – dokázať *p*
punctually – presne
purpose – cieľ *m*
to put – položiť *p*, klásť *i*, dať *p*, dávať *i*

Q
quality – kvalita *f*
quantity – množstvo *n*
question – otázka *f*
queue – rad *m*
quickly – rýchlo
quiet – pokoj, *m*
quite – dosť, celkom, úplne

R
to reach – dosiahnuť *p*
to read – čítať *i*, prečítať *p*
ready – hotový
real – skutočný
reality – skutočnosť *f*
really – naozaj, skutočne, veru
reason – príčina *f*
to recall – spomenúť *p*
to receive – prijať *p*
red – červený
to regard – dívať sa *i*, pokladať za *i*
region – kraj *m*, oblasť *f*
relation – vzťah *m*
relationship – vzťah *m*
to remain – ostať *p*, ostávať *i*
remember – spomenúť *p*, spomínať *i*, zapamätať si *p*
to repeat – opakovať *i*
to reply – odpovedať *i*
report – správa *f*
the rest – ostatní
result – výsledok *m*
to return – vrátiť (sa) *p*, vracať (sa) *i*
rich – bohatý
right – pravý, správny, právo *n*
river – rieka *f*
river bank – breh *m*
river bed – dno rieky *n*
rock – kameň *m*
room – izba *f*
root – koreň *m*
round – okolo
row – rad *m*

S

it is said – vraj
the same – rovnaký
to say – povedať *p*, uviesť *p*
they say – vraj *adv.*
school – škola *f*
science – veda *f*
scientific – vedecký
sea – more *n*
to search – hľadať *i*
season – obdobie *n*
seat – miesto *n*
second – druhý
to see – vidieť *i*, uvidieť *p*, pozrieť *p*
can you see? – vidíte?
see you – do videnia
to seem – zdať sa *i*
sensation – pocit *m*
sense – zmysel *m*
sentence – veta *f*
to serve – slúžiť *i*
service – služba *f*
several – niekoľko, mnohí
to set out (for a journey) – vydať sa (na cestu) *p*
shape – forma *f*, tvar *m*
she – ona
to shine – svietiť *i*
shop – obchod *m*
short – krátky
shoulder – rameno *n*
to shout – kričať *i*
to show – ukázať *p*, ukazovať *i*
sick – chorý
side – strana *f*
sight – výhľad *m*
significance – význam *m*
silence – ticho *n*, *adv.*
to be silent – mlčať *i*
similar – podobný
similarly – podobne
simple – jednoduchý
since – odkedy, lebo, pretože
to sing – spievať *i*
single – jednotliví *pl*
sister – sestra *f*
to sit – sadnúť si *p*, sedieť *i*
situation – situácia *f*
six – šesť
sky – nebo *n*, obloha *f*
to sleep – spať *i*, spávať *i*
Slovak – Slovák *m*, slovenský
Slovak National Uprising – Slovenské národné povstanie (SNP) *n*
Slovakia – Slovensko *n*
slowly – pomaly
small – malý, drobný
smile – úsmev *m*
snap – obrázok *m*
so – teda, tak, takto, takže
so far – dosiaľ
so many – toľko
so much – toľko
so that – aby
society – spoločnosť *f*
soil – pôda *f*, zem *f*
soldier – vojak *m*
sole – jediný
solution – riešenie *n*
to solve – riešiť *p*
some – nejaký, niektorý, trocha
some day – niekedy
somebody – niekto
someone – ktosi
something – niečo
somewhere – niekde
sorry to say – žiaľ *adv.*
sort – druh *m*
soul – duša *f*
sound – zdravý
space – priestor *m*
space of time – obdobie *n*
to speak – vravieť *i*, rozprávať *i*, hovoriť *i*
speech – reč *f*, prejav *m*
sphere – oblasť *f*

spirit – duch *m*
spot – miesto *n*
spring – prameň *m*
thermal springs – termálne pramene (vody) *pl*
square mile – štvorcová míľa (kilometer) *f*
to stand – stáť *i*
to stand up – postaviť sa *p*, vstať *p*, vstávať *i*
star – hviezda *f*
to stare – hľadieť *i*
start – začiatok *m*
to start – začať *p*, začínať *i*
state – štát *m*, stav *m*
statement – veta *m*
station – stanica *f*
stature – postava *f*
to stay – ostať *p*, ostávať *i*
step (footstep) – krok *m*
still – ešte, predsa
to stir – pohnúť *p*
stone – kameň *m*
to stop – prestať *p*, zastaviť *p*, zastať *p*
strange – cudzí, neznámy
stream – prúd *m*
street – ulica *f*
strength – sila *f*
strong – silný, pevný
to struggle – bojovať *i*
to study – učiť sa *i*
to succeed in – podariť sa *p*
such – taký
to suffice – stačiť *i*
summer – leto *n*
sun – slnko *n*
Sunday – nedeľa *f*
sure – istý
surely – iste
surface – plocha *f*
system – systém *m*

T
table – stôl *m*
tackle – pustiť sa *p*
to take – brať si *i*, vziať si *p*, všimnúť si *p*
to take up – pustiť sa *p*
to talk – vravieť *i*, hovoriť *i*
tall – vysoký
task – úloha *f*
taste – chuť *f*
to teach – učiť (niekoho) *i*
teacher – učiteľ *m*
teeth – zuby *pl*
to tell – povedať *p*
ten – desať
terrible – strašný
territory – územie *n*
testify – svedčiť *i*
than – než
thank you – ďakujem
that – že; ktorý; ten, tá, to
then – teda, vtedy, potom
there – tam
they – oni (ony)
thing – vec *f*
to think of sth. – pomyslieť (si) *p*, myslieť (si) *i*
this – tento, táto, toto
though – hoci, síce
thought – myšlienka *f*
three – tri
through – cez (smerom)
throughout – všade
thus – tak, takže
ticket – lístok *m*
till – až do
time – čas *m*, doba *f*
-times – -ráz
tiny – drobný
title – právo *n*
to – do, k(u)
today – dnes
together – spolu
tomorrow – zajtra

tongue – jazyk *m*
too – aj, tiež, príliš
towards – k(u)
town – mesto *n*
train – vlak *m*
to transform – meniť *i*
tree – strom *m*
troop – jednotka (vojska) *f*
to trust – veriť *i*
truth – pravda *f*
it´s true – to je pravda
tumbler – pohár *m*
to turn – obrátiť *p*
two – dva

U

under – pod(o)
to understand – pochopiť *p*, chápať *i*, porozumieť *p*
to make oneself understood – dorozumieť sa *p*
unfortunately – žiaľ *adv.*
unit – jednotka *f*
unknown – neznámy, a, e
unless – keby nie
until – až do
up – hore
uprising – povstanie *n*
upstairs – hore
up to – do
to use – používať *i*
usually – obyčajne

V

valley – dolina *f*
value – hodnota *f*
various – rozličný, rôzny
vast – obrovský
vehicle – voz *m*
very – veľmi
via – cez (smerom)
view – pohľad *m*, výhľad *m*

village – dedina *f*
voice – hlas *m*

W

to wait – čakať *i*
to walk – kráčať *i*, prechádzať sa *i*
  to go for a walk – prechádzať sa *i*
wall – stena *f*
to want – chcieť *i*
war – vojna *f*
warm – teplý
water – voda *f*
way – spôsob *m*, prostriedok *m*
we – my
weak – slabý
week – týždeň *m*
to weep – plakať *i*
well – dobre, nuž
well-known – známy
what – čo
  what a pity – škoda
  what else – čo ešte
  what for – načo
  what (kind of) – aký
  what can I do for you? – čo sa bude páčiť? Čo môžem pre vás urobiť?
when – keby; kedy; keď
where – kam, kde
whether – či
while – kým; chvíľa *f*
white – biely
who – kto, ktorý
whole – celý; celok *m*
why – načo, prečo
wide – široký
wife – žena *f*
will – vôľa *f*
wind – vietor *m*
window – okno *n*
wine – víno *n*
wing – krídlo *n*
winter – zima *f*

with – s(o)
without – bez(o)
woman – žena *f*
wood – drevo *n*
word – slovo *n*
work – dielo *n*, robota *f*, práca *f*
to work – robiť *i*, pôsobiť *i*
worker – robotník *m*
worker's – robotnícky
working – robotnícky
world – svet *m*, svetový
worth – hodnota *f*
to write – písať *i*
writer – spisovateľ *m*

Y

year – rok *m*
yes – áno
yesterday – včera
yet – ba, predsa
you – ty, vy
young – mladý

Z

zero – nula (0) *f*

DICTIONARY OF LINGUISTIC TERMS

adjektívum	adjective
adverbium	adverb
a. času	a. of time
a. miery	a. of number, quantity
a. miesta	a. of place
a. opytovacie	interrogative a.
a. spôsobu	a. of manner
adverzatívny	adversative
akcent	stress, accent
aktívum	active v.
alternácia	alternation
apelatívum	common n.
apozícia	aposition
atribút	attribute
atribút verbálny	verbal attribute
augmentatívum	augmentative word
bezpríznakový	unmarked
bodka	full stop
bodkočiarka	semicolon
citoslovce	interjection
citovosť	emotivity
čiarka	comma
čas	tense
č. prítomný	present t.
č. minulý	past t.
č. budúci	future t.
časovanie	conjugation
častica	particle
činiteľ	agent
číslo	number
č. jednotné	singular
č. množné	plural
č. dvojné	dual
číslovka	numeral
č. základná	cardinal n.
č. radová	ordinal n.
č. druhová	(generic n.)
č. násobná	multiplicative n.
č. podielová	(paritive n.)
č. neurčitá	indefinite n.
deklinácia (skloňovanie)	declination
dejové adjektívum	verbal adjective
dejové meno	noun of action
dejové substantívum	verbal noun
deminitívum	deminutive word
derivácia	derivation
dĺžka samohlásky	quantity
doplnok	verbal attribute
dvojbodka	colon
dvojhláska	diphthong
dôraz	emphasis
dôsledok	consequence
dôsledkový	consecutive
elipsa	ellipsis
emfáza	emphasis
emocionalita	emotivity
enklitika (príklonka)	enclitic
exklamácia	exclamation
feminínum (žen. rod)	feminine
flektívny	flexible
forma	form
futúrum (bud. čas)	future t.
gradačný	gradational
hláska	sound
hláskoslovie (fonetika)	phonetics, phonology
hypotaktické súvetie (podraď. súv.)	complex sentence

149

imperatív	imperative m.
imperfektívum (nedok. vid)	imperfective verb
indikatív	indicative m.
infinitív	infinitive
interjekcia (citoslovce)	interjection
interpunkcia	punctuation
intonácia	intonation
iteratívum	iterative verb
jednoduchý tvar slovesný	simple form of verb
kauzálny	causal
kladný	positive
knižné slovo	bookish word
komparácia (stupňovanie)	comparison
1. stupeň (pozitív)	positive
2. stupeň (komparatív)	comparative
3. stupeň (superlatív)	superlative
komparatív	comparative
kompozícia	composition
kompozitum	compound word
koncovka	ending
kondicionál	conditional m.
kongruencia	agreement
konjugácia (časovanie)	conjugation
konsonant (spoluhláska)	consonant
konštrukcia	construction
konverzia	conversion
kopula	copula
kopulatívny	connective
kvalitatívne adjektívum (akostné adj.)	qualitative adjective
kvantita samohlásky	quantity
maskulínum (muž. rod)	masculine
mäkčenie	palatalization
meno	name
modálnosť	modality
módus	mood
morfológia	morphology
negatívny	negative
neutrum (str. rod)	neuter
nositeľ vlastnosti	bearer of the quality
objekt	object
odporovací	adversative
odvodzovanie	derivation
chybný	flexible
onomatopoický	onomatopoeic
opisný tvar	analytical
opisný tvar slovesný	compound form
ortografia (pravopis)	orthography
osoba	person
otázka	question
otáznik	question mark
pád	case
parataktické súvetie (podraď. súv.)	compound s.
parentéza	parenthesis
particípium	participle
partikula	particle
pasívum	passive v.
pejoratívum	pejorative v.
perfektívum (dokonavý vid)	perfective v.
písmeno	letter
veľké p.	capital l.
malé p.	small l.
plurál (množ. číslo)	plural
podmet	subject
podmienka	condition

podstatné meno	noun
pomenovanie	name
pomlčka	dash
poriadok slov	word order
posesívne adj. (privlastň. adj.)	possessive adjective
posesívne zámeno (privlast. zám.)	possessive pronoun
pozitív	positive
pozitívny	positive
pravopis	orthography
predklonka (proklitika)	proclitic
predložka	preposition
predmet	object
predpona (prefix)	prefix
prechodník	participle
prechyľovanie	formation of gender opposites
préteritum	past t.
prézent (prít. čas)	present t.
príčastie	participle
príčinný	causal
prídavné meno	adjective
príklonka (enklitika)	enclitic
prípona (sufix)	suffix
prípustka	concession
príslovka	adverb
p. spôsobu	a. of manner
p. času	a. of time
p. miesta	a. of place
p. miery (množstva)	a. of number, quantity
p. opytovacia	interrogative a.
príslovkové určenie	adverbial modifier
p. u. miesta	a. m. of place
p. u. času	a. m. of time
p. u. spôsobu	a. m. of manner
p. u. príčiny	a. m. of cause
prístavok	aposition
prísudok	predicate
prívlastok	attribute
príznakový	marked
prízvuk	stress, accent
proklitika (predklonka)	proclitic
ráz	glottal stop
reflexívum (sloveso)	reflexive v.
reflexívum (zámeno)	reflexive pronoun
relačné adjektívum	relative adjective
relatívum	relative pronoun
rod	gender
r. mužský	masculine
r. ženský	feminine
r. stredný	neuter
r. životný	animate
r. neživotný	inanimate
rod (slovesný)	voice
r. činný	active v.
r. trpný	passive v.
rozkaz	command
samohláska (vokál)	vowel
singulár	singular
skladanie slov	composition
skladba (syntax)	syntax
skloňovanie (deklinácia)	declination
skracovanie	abbreviation
skratka	abbreviation
slabika	syllable
slabikotvorný	syllabic
sloveso	verb
s. prechodné	transitive v.
s. neprechodné	intransitive v.
s. reflexívne	reflexive v.
s. pomocné	auxiliary v.
s. modálne	modal v.
slovné druhy	parts of speech

slovná zásoba	word-stock
slovník	vocabulary
slovo	word
slovosled	word order
spojka	conjunction
s. priraďovacia	co-ordinating c.
s. podraďovacia	subordinating c.
spona	copula
spoluhláska	consonant
s. znelá	voiced c.
s. neznelá	voiceless c.
s. párová	paired v.
spôsob	mood
s. oznamovací	indicative m.
s. rozkazovací	imperative m.
s. podmieňovací	conditional m.
stupňovací	gradational
stupňovanie	comparison
subjekt	subject
substantívum	noun
sufix	suffix
superlatív	superlative
súvetie	sentence
s. priraďovacie	compound s.
s. podraďovacie	complex s.
syntax	syntax
tranzitívum	transitive v.
tvar	form
tvaroslovie	morphology
tvorenie slov	word-formation
účel	purpose
účelové adjektívum	adjective of purpose
určitý tvar slovesný	finite form
úvodzovky	quotation marks, inverted commas
väzba	construction
verbum finítum	finite form
veta	sentence, clause
v. hlavná	main clause
v. vedľajšia	subordinate clause
v. jednočlenná	one-element s. amorphous s.
v. dvojčlenná	two-element s.
vetný člen	element, member of the sentence
v. č. základný	basic, main el.
v. č. vedľajší	secondary, sub ordinate el.
vid	aspect
v. dokonavý	perfective a.
v. nedokonavý	imperfective a.
vlastné meno	proper noun
vlastnosť	quality
vokál (samohláska)	vowel
vsuvka (parentéza)	parenthesis
všeobecné meno	common n.
výkričník	exclamation mark
vylučovací	disjunctive
výpoveď	utterance
výslovnosť	pronunciation
zámeno	pronoun
z. neurčité	indefinite p.
z. osobné	personal p.
z. opytovacie	interrogative p.
z. privlastňovacie	possessive p.
z. ukazovacie	demonstrative p.
z. vzťažné	relative p.
z. záporné	negative p.
z. zvratné	reflexive p.
základ slova (kmeň)	root (stem)
záporný	negative
zátvorky	brackets
zdrobnenina	deminutive word
zhoda	agreement
zložené slovo	compound word
zložený tvar	analytical
zložený tvar slovesný (opisný)	compound form

zlučovací	connective	**zvukomalebný**	onomatopoeic
zveličujúce slovo	augmentative word	(onomatopoický)	
zvolanie	exclamation		

CONTENTS

Foreword

LESSON 1
LETTERS AND SOUNDS

Slovak alphabet 7
Vowels 7
Consonants 9
Palatalisation 13
Diphthongs 13
Voiced and voiceless consonants 14
Pairs of consonants 14
Stress 14
Hard, soft and neutral consonants 15

LESSON 2
OTÁZKY A ODPOVEDE

Vocabulary 18
Grammar: genders, agreement in gender 18
Exercises 19

LESSON 3
CESTA NA STANICU

Vocabulary 22
Grammar: classification of Slovak nouns into groups according to their endings; nominative plural; accusative singular and plural; conjugation of the verb *mať*; conjugation of the verb *byť*; negation; agreement of adjective in case 23

Exercises 26

LESSON 4
MÔJ DEŇ

Vocabulary 29
Grammar: classification of verbs; first conjugation *(chytať)* 30
Exercises 32

LESSON 5
NAŠA RODINA

Vocabulary 34

Grammar: seventh class of verbs *(robiť)*; locative case; days of the week; possessive pronouns in N, A and L singular; irregular verbs *môcť, vedieť;* cardinal and ordinal numerals (1 – 10) 35

Exercises 37

LESSON 6
LIST

Vocabulary 42

Grammar: dative singular and plural; possessive pronouns in N, A, L and D plural; past tense of *byť*; reflexive forms; personal pronouns in N, A, D and L; enclitics 42

Exercises 45

LESSON 7
KDE, ČO A AKO KÚPIŤ

Vocabulary 50

Grammar: genitive singular and plural; demonstrative pronouns in N, A, G, L, D; sixth class of verbs *(pracovať, žuť)* 51

Exercises 53

LESSON 8
ČO BUDEM ROBIŤ ZAJTRA

Vocabulary 57

Grammar: aspect; irregular verb *ísť*; instrumental singular and plural; genitive and instrumental of personal pronouns 57

Exercises 60

LESSON 9
HALÓ, KTO JE TAM?

Vocabulary 65

Grammar: indefinite and negative pronouns and adverbs; possessive pronouns *svoj, a, e, i*; derivation of adverbs from adjectives; masculine nouns with *-ia* endings in nominative plural 66

Exercises 68

LESSON 10
U PRIATEĽA

Vocabulary 72

Grammar: comparison of adjectives and adverbs; possessive adjectives; declination of the word *sa*; fifth class of the verbs *(chudnúť)*; declination of the word *dievča* 73

Exercises 76

LESSON 11
ČÍTANIE AKO POTREBA

Vocabulary 80

Grammar: conditional; verbal noun; second class of the verbs *(rozumieť)*; conjugation of the verb *stať (sa)* 81

Exercises 82

LESSON 12
PRI VODE

Vocabulary 86

Grammar: third class of the verbs *(niesť, hynúť, trieť, brať)*; imperative mood; some prepositions; subordinate clauses; conjugation of the verb *vziať* 86

Exercises 89

LESSON 13
HRA NA ČÍSLA

Vocabulary 94

Grammar: cardinal numerals; ordinal numerals; pronouns of the type *ktosi*; fourth class of the verbs *česať, žať* 95

Exercises 97

LESSON 14
NA HORÁCH

Vocabulary 99

Grammar: word order; prefixes and suffixes 100

Exercises 102

LESSON 15
ČAS A PENIAZE

Vocabulary 107

Grammar: the time; address; date; impersonal forms of verbs; participles 107

Exercises 109

PARADIGMS 113
VOCABULARY 123
DICTIONARY OF LINGUISTIC TERMS 149

Grafobal GROUP, a. s. – komplexný servis v polygrafii

VÝROBA OBALOV
TLAČ KNÍH, ČASOPISOV, MERKANTIL
TLAČ NOVÍN
VYDAVATEĽSKÁ ČINNOSŤ

DISTRIBÚCIA PERIODICKEJ TLAČE,
TABAK. A DOPLNKOVÉHO TOVARU

REKLAMNÁ AGENTÚRA
TV A MÉDIÁ
OBCHOD S PAPIEROM
INÉ

Ideálny klient ani ideálna agentúra neexistujú!

Ako dostať reklamu, ktorú si zaslúžite?

Dajte nám kreatívnu slobodu
úzko definovanej stratégie!

To pravé osviežie
na reklamnom trhu.

EURO RSCG ARTMEDIA, spol. s r. o.,
SASINKOVA 5, 811 08 BRATISLAVA, SLOVENSKO
TEL.: +421 2 555 668 14, FAX: +421 2 50 227 116
e-mail: allstars@artmedia.sk

JOZEF MISTRÍK

BASIC SLOVAK

Zodpovedná redaktorka Mgr. Anna Lobotková
Technická redaktorka Lucia Putnokyová
Výtvarná redaktorka Mgr. Ľubica Suchalová
Obálku vyhotovilo DTP štúdio SPN – ML

Vyšlo vo vydavateľstve Slovenské pedagogické nakladateľstvo,
– Mladé letá, s. r. o., Sasinkova 5, 815 19 Bratislava

Tlačové podklady vyhotovilo DTP štúdio SPN – ML

Vytlačili Bratislavské tlačiarne, a. s., Bratislava

ISBN 978-80-10-01272-5